限界？
気のせいだよ！
佐藤慎太郎
KADOKAWA
Panasonic

はじめに　大台の50代、大台の20億円を目指して

俺は高校を出てから、一浪したのちに日本競輪学校《にほんけいりんがっこう》（現・日本競輪選手養成所《にほんけいりんせんしゅようせいじょ》）に合格。在校順位は13位で卒業して、19歳のときにプロの競輪選手としてデビューした。あれからもう、約30年近くも突っ走ってきたことになる。そんな俺に、「本を出さないか？」というオファーが舞い込んできたのが、ちょうど1年前のことだ。自分のこれまでの歩みが本になるなんて、想像したことすらなかったよ。

「とはいえ……俺の本なんて誰が読むんだ？」と少し躊躇《ちゅうちょ》する気持ちもあったのだけど、これまでの選手生活で得た気づきや、俺の競輪選手として、そしてひとりの人間としての考えを伝えるいい機会だと思ってオファーを受けることにしたってわけだ。

この本を書き始めた２０２４年時点で、俺は48歳だ。そして、約２４００人の競輪選手のなかでトップの9人しか在籍することができない、「S級S班」という最高位にいる。自分でいうのもなんだけど、若い奴らのなかに交じって、気合と根性だけでよくやってるぜ。

どんな世界でも、頑張っているベテランを「中年の星」なんて表現するけれど、競輪界

においては、そういう存在なのかもしれない。現代の競輪は、いわゆる自力型全盛の時代だ。そこで、俺みたいな追い込み型のおっさんがまだ第一線でやっている。ここにこそ、競輪という競技の面白さが詰まっているように感じている。

この本は、4章構成で書いた。

第1章は、俺の生い立ちから選手になるまで。第2章は、競輪の奥深さについて書いた。競輪は個人競技なのにひとりで走るわけじゃないのだが、これが分かりづらくて、とっつきにくいと感じる人も多いのだと推測している。競輪特有の「ライン」の概念や、人間模様、そして「競輪道」ともいわれる、〝業界の暗黙のルール〟についても詳しく解説するよ。

第3章では、より競輪界のディープな内側（暴露話じゃないぞ）や、自分自身の内面について深掘りしている。ライバル選手たちとの関係性にも触れながら、俺がKEIRINグランプリ覇者になるまでの道のりを書いた。

第4章は、この年齢までトップクラスでいるために、心と体をどう鍛えていたのかについてだ。これは競輪に限らず、いろいろな分野で働く人にも参考にしてもらえるんじゃないかな。

そして、これから本書を読むにあたって、競輪界の構造を説明しておく。ここが分からないと、理解できない内容が多いと思うからだ。

競輪の階級はピラミッド型の構造になっていて、トップ9人だけが身を置くことができる「S級S班」が頂点だ。この9人は、前年のKEIRINグランプリに出場した選手で構成されることになる。

その下に、S級1班、S級2班と続いていく。

S級の下の階級であるA級は、1班〜3班まであるが、1班、2班の選手と3班の選手は同じレースを走らない。A級1班とA級2班は、A級の1・2班戦を走り、A級3班はチャレンジレースを走ることになる。新人選手に関しては、もれなくこのチャレンジレースからデビューだ。

12年前にわずか33人でスタートしたガールズケイリンも、いまでは選手登録が200人を突破した。

2023年級班別在籍数及び平均取得額（男子選手）

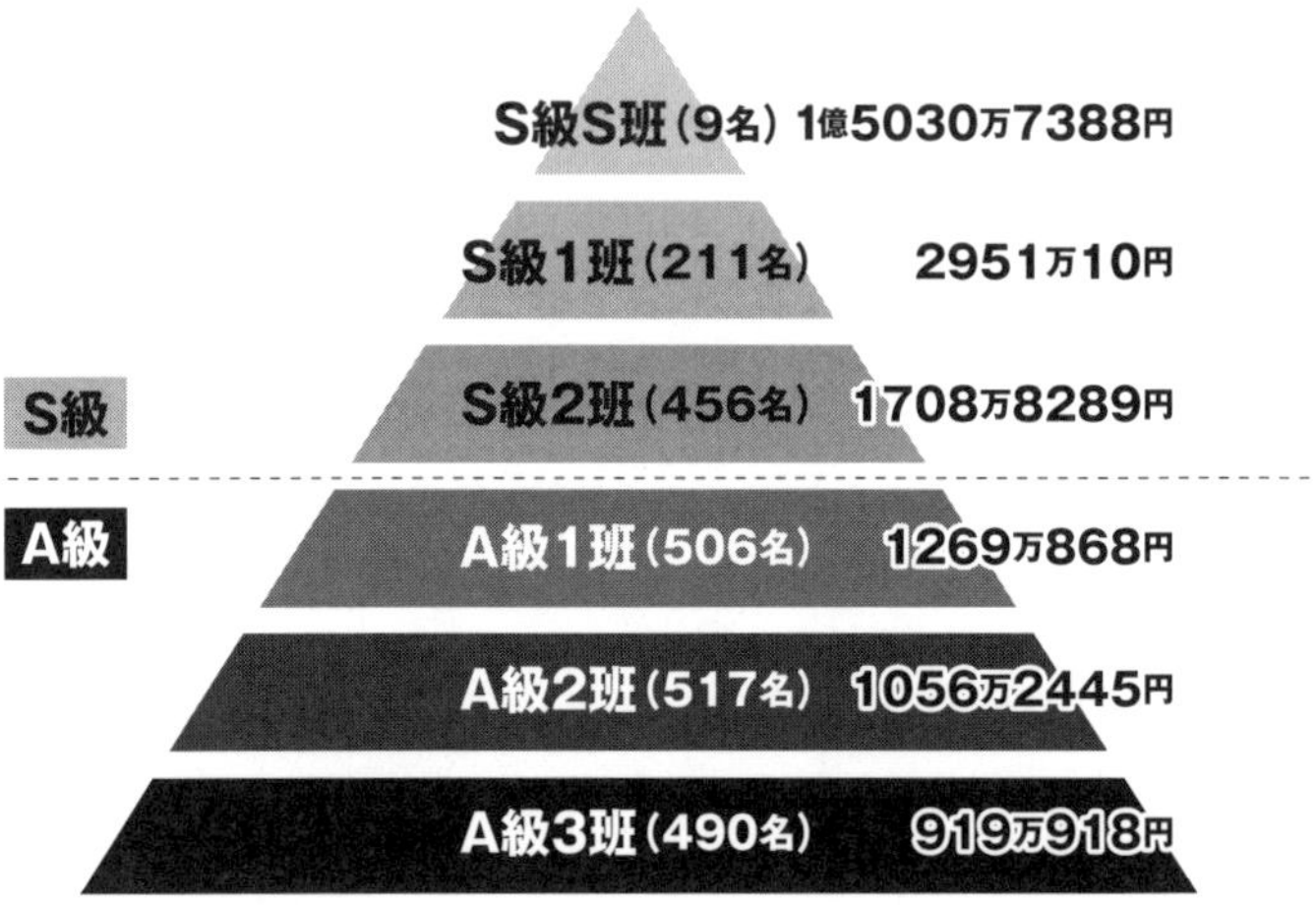

登録選手数は2023年12月31日の在籍者数

競輪は、国内のプロスポーツでもっとも選手数が多いことでも知られる。毎年、日本競輪選手養成所を卒業して新人たちがデビューするが、引き換えに「代謝制度」もある。半年ごとに下位から30人（女子は3人）が強制的に首を切られるので、選手は1日でも長く現役を続けるために、日々苦しいトレーニングをしているというわけだ。

そして、レースには様々なグレードがある。まず、一番有名なのはKEIRINグランプリ（GP）だろう。毎年12月30日に行われ、優勝賞金はなんと1億円を超えるレースだ。その年に活躍したベスト9の選手だけで行われる究極の一発勝負ということもあり、この日だけは、各スポーツ紙の一面を競輪が飾り、あまり競輪を知らなくても「KEIRINグランプリだけは車券を買う」なんて人も多いと聞く。

次にビッグレース（または特別競輪）といわれるGⅠとGⅡがある。このふたつは、S級に在籍し、なおかつ選考基準を満たした選手のみが出場できるものだ。GⅠレースで優勝すると、その年の年末に行われるKEIRINグランプリの出場権が得られるため、選手になったからには誰もがGⅠレースへの出場、そしてGⅠ優勝を夢見ている。

GⅡで優勝してもKEIRINグランプリの出場権こそ得られないが、GⅠに次ぐ高額賞金が与えられる。

その下のＧⅢは、現在、全国に43カ所ある各競輪場が年に一度行う記念レースと呼ばれるものだ。これはＪＫＡ（旧・日本自転車振興会）のあっせん課からの斡旋《あっせん》によって出場者が決まるため、Ｓ級に在籍していれば、誰だって走るチャンスがある。ここまでが、頭に「Ｇ」のつくレースであり、つまりグレードレースといわれるものだ。

グレードレースを走れない選手は、その下のＦⅠ戦を走る。これも斡旋によって参加者が決まるものだ。ＦⅠ戦はメインレースをＳ級選手が、前座レースをＡ級選手が走る（そのあいだに、ガールズが走るケースもある）。

ＦⅡ戦では、Ａ級の1班・2班戦、チャレンジレース、ガールズが行われる。

むかしはデイタイムでしか行われなかった競輪も、いまではモーニング開催、ナイター開催、ミッドナイト開催と開催時間が幅広くなった。モーニング競輪やミッドナイト競輪は、ＦⅡ戦が行われることが多い。

俺は１９９９年からＳ級で走っている。２０１９年に悲願だったＫＥＩＲＩＮグランプリ覇者となったのだけど、２００３年にＧⅠ・読売新聞社杯全日本選抜競輪《よみうりしんぶんしゃはいぜんにほんせんばつけいりん》で優勝し、２００４年に共同通信社杯競輪《きょうどうつうしんしゃはいけいりん》、２００５年にふるさとダービー武雄《たけお》とふたつのＧⅡを勝ってから、14年もタイトルを獲得することができなかった。それだけビッグレースを勝つ、タイトルを獲るということは本当に難しいのに、43歳になって競輪界最高峰のレースであるＫＥＩＲＩＮグランプリを勝つことができるなんて、人生は分からないものだよな。

競輪は選手寿命が長く、俺も長く第一線で走れたおかげで、生涯獲得賞金は17億円を超えた。さすがに、いまの年齢からいくつもタイトルを重ねていくことは難しいが、せっかくだから20億円の大台は超えたいと思っている。それも、そんなに遠くないうちにね。それがいまの俺の目標のひとつでもある。

今年２０２５年で49歳、来年には大台の50歳だ。そんな年齢になってもまだ「あと2億、3億と稼ぐぜ！」なんていえる競輪選手っていうのは、本当に夢のある素晴らしい職業だと思う。そして、これからの俺は、なんらかのかたちでこの業界に貢献したいし、恩返しをしていきたい。それもまた、本を書いてみようと思った理由の一端にある。

そんなわけで、この一冊を通して競輪の面白さや魅力がどこにあるのかを多くの人に広めたいと思う。

そのためにも、「佐《さ》藤《とう》慎《しん》太《た》郎《ろう》」という人間を洗いざらい話していくよ。

※本書内のタイトル数は２０２５年１月時点。

限界？ 気のせいだよ！ 目次

はじめに　大台の50代、大台の20億円を目指して　3

1 競輪選手、佐藤慎太郎誕生　17

佐藤慎太郎のルーツ　18
親父の独特な教育方針　21
競輪選手を目指したきっかけ　25
学法石川で出会ったライバル　31
添田一門に弟子入り　36

東大に入るより難しかった競輪学校 40
いざ、プロの世界へ！ 45
地元でのデビュー戦 48

2 「競輪道」とはなにか

「競輪道」とはなにか 57
競輪を面白く難しくするラインの存在 58
「並び」はどう決まるのか 61
勝つためならなんでもやっていいわけではない 64
「競輪道」は、自分を主張する都合のいいカード 68
競輪道は十人十色で答えがない 70
競輪はアドベンチャー 75
冒険には苦しいこともついて回る 77

競輪選手としての評価 81
佐藤慎太郎流のリーダーシップ 86
「マーク屋」は時代遅れな存在か？ 90
時代ごとに変化する勢力図 95
俺の処世術 99
他地区の選手と連係する心構え 104
競輪にある暗黙のルール 107
走りの美学にある理想と現実 111
運も限界も自分でつくるもの 116

3 頂だけを目指して

3 頂だけを目指して 123
苦労したS級への昇格 124

自力選手としての限界 129
追い込み屋・佐藤慎太郎の誕生 132
念願のＧＩタイトル獲得 137
一流マーカーへの道 145
数センチメートルが分けた明暗 149
才能溢れる後輩たち 154
選手生命を脅かした大怪我 157
絶望の淵からの生還 161
人生、ときには大博打も必要 169
43歳1カ月でのKEIRINグランプリ優勝 174

4 心と体に限界はない

187
俺の1日ルーティン 188
質より量の昭和的な練習を経て 201
気合と根性でタイトル1本は獲れる 204
若いうちは頑固でいい 206
慎太郎、おまえ死ぬんじゃねえか？ 209
結局は気持ち次第 213
デカい奴らに負けたくない 216
努力できることも才能 219
とことん自分を追い込める理由 224
プレッシャーとの向き合い方 227

スイッチの入れ方 232
モチベーションを保つ秘訣 236
覚悟を持ってレースに挑む 239
ゲン担ぎなんて気のせいだよ 242
さりげなくダイナミックに 244
イメージトレーニングの重要性 247
メンタルの衰えを防ぐ 250
他者の意見と戦わず自分自身と戦う 254
選手としての引き際 258
競輪界の未来 261

おわりに　限界の先にある風景 268

ブックデザイン　阿部早紀子
写真　塚原孝顕、村越希世子
編集　岩川 悟
編集協力　松井 律（日刊スポーツ）

1 競輪選手、佐藤慎太郎誕生

佐藤慎太郎のルーツ

俺、佐藤慎太郎は福島県東白川郡にある塙町《はなわまち》で産声を上げた。1985年のピーク時でも、町の人口が1万2000人ちょっとの小さな町である。過疎化が進んだいまはぐんと人口が減り、8000人を切ってしまった。一級河川・久慈川が町を縦断していて、大自然に囲まれているといえば聞こえはいいかもしれない。でも、街灯すらほとんどなくて、日が暮れたらあたりは暗闇に包まれる。町の住民が自慢したくなるようなシンボルはなく、名物や名産といえるものもない。こんなことをいっていると地元住民に怒られそうだけど、ないものはないのだから仕方ない。

町から出た有名人に、つのだ☆ひろさんがいると聞いたことがある。確かに「角田姓」が多い場所だし、近所の床屋も角田さんだったっけ。ただ、ウィキペディアで調べてみたら、つのだ☆ひろさんは、1歳4カ月までしか塙町にいなかったらしいぞ。それじゃ、ただ生まれただけだよな。

家から最寄の磐城塙《いわきはなわ》駅周辺には数軒のスナックがあるくらいで、なんの娯楽もない。だから、男衆の楽しみといったら、草野球かギャンブルくらいだった。

俺の生家は、親父の実家だ。長いこと林業や農業を営んできた家系で、俺は5代目にあたる。俺が子どもの頃の家族構成は、じいちゃん、ばあちゃん、日本電信電話公社（現・日本電信電話株式会社）に勤める親父、看護師のお袋、長男の俺の下には7つ離れた弟がいて、さらにその下に双子の妹がいる。それこそ都会じゃ大家族だが、田舎町なら珍しくもなかった。

この8人家族を、とにかく〝圧の強い〟親父が仕切っていた。俺も競輪界では癖の強いほうだと自覚しているが、親父の血を受け継いだことが大きい。だって、考え方や趣味嗜《し》好《こう》のルーツを辿《たど》ると、必ず親父の〝洗脳〟を受けていたことに気づくからさ。

競輪界というのは、縁がない人にはまったく未知な世界だと思う。年齢制限のなくなった最近でこそ他競技の選手がセカンドキャリアとして競輪選手を選択することも増えた。でも、むかしはそうじゃなかった。競輪選手を志す人間は、身内に選手がいるか、身内に大の競輪好きがいるか、たいていはこの二択だったはずだ。

我が家は、親父が大の競輪好きで、親父のまわりには競輪仲間のおっちゃんたちがいた。週末になると、何人かで車に乗り合わせ、1時間半くらいかけて福島のいわき平競輪場《たいらけいりんじょう》や栃木の宇都宮競輪場まで出かけていくのが恒例行事だ。俺は幼少期からその車に乗せられて、よく競輪場に連れていかれた。

親父も含め、その競輪仲間たちは「古きよき競輪ファン」っていう感じで、いま思い返しても深く競輪を知っている人たちだった。競輪場から帰ってくると、誰かの家に集まって、〝反省会〟という名の宴会が開催される。もちろん、会話の中心はその日のレースのことだ。選手を褒めたりけなしたり、とにかく選手たちのことをよく観察していた。

みんなのお気に入りは、瀧澤正光《たきざわまさみつ》さん（千葉43期、グランドスラマー、1987年・1993年KEIRINグランプリ覇者、GI12冠。2008年6月30日引退）。巨体を揺らして逃げる姿はまるで重戦車のようで、敵の攻撃をことごとく跳ね返す様子にファンは熱狂した。瀧澤さんに限らず、もっぱら強い先行選手に人気が集まっていた。いまもむかしも、先行選手は花形なのである。

「おい慎太郎、競輪は逃げる選手がかっこいいんだぞ！」

おっちゃんたちは、いつも俺にそんなことばかりいっていた。

ただ、自分の目が慣れてくると、おっちゃんたちの話を鵜呑《うの》みにするばかりではなくなってくる。逃げることも凄いのだけど、その後ろを回っている追い込み選手のハンドルさばきもかっこいいじゃないか。子どもながらに、ちょっとマニアックな視点を持っていたように思う。

俺は、少しものごとを斜に構えて見る子どもだった。例えば、野球ならピッチャーよりキャッチャーに魅力を感じ、バンドならボーカルよりもベースに目が行ってしまうような、そんな感じだったのである。そんなちょっと偏屈な思考の根底には、親父の「王道を行くなよ」という教えがあった。

日本電信電話公社というお堅い仕事場で働いていた親父は、本当は違うことをやりたかったのかな？　心のどこかに道を踏み外してみたいという願望のようなものがあったのかもしれない。

とにもかくにも、親父と愉快な競輪仲間たちによって、俺は競輪と出合い、そこにある面白さを教え込まれていったのだった。

親父の独特な教育方針

親父は、競輪以外に競馬やパチンコもやっていた。パチンコ屋に連れていかれると、

「慎太郎、ちょっとこのまま握っとけ」なんていって、よくハンドルを持たされたものだ。いまじゃ、そんなことありえねえよな。

小学校3年生の頃、親父は俺に株を教えた。新聞で相場の上げ下げの見方を教わり、挙げ句には「10万円で好きな銘柄を買ってみろ」なんて本当に買わされたこともあったよ。

一般的には、決して〝いい教育〟ではなかったかもしれない。でも、大人の世界を見せてもらえる体験は、田舎で生きる子どもの俺にとっては刺激的だった。

家庭内での親父は厳格だ。食事中の作法や、他人への礼節なんかは特にうるさかったよ。「人にしてもらったことは忘れるな！」が口癖で、誰かに差し入れをもらったり、手助けしてもらったりしたときには、必ず親父への報告と、きちんとお礼をすることが義務づけられていた。

そんな親父とは対照的に、お袋や祖父母は俺に優しかった。親父が厳しかったせいで、フォロー役に回るしかなかったのだろう。

ただ、親父から「勉強しろ」といわれたことは一度たりともなかった。朝は決まって、「今日もしっかり学校に行って、いっぱい給食を食ってこい」と送り出される。これが我が家の「行ってらっしゃい」だ。

初めて自転車を買ってもらったのが、小学校1年生のとき。そのときの恐ろしい記憶はいまも鮮明に残っている。

軽トラックに自転車を積んで原っぱに連れていかれると、親父はおもむろに補助輪を外した。ありえねえ……。スパルタ教育以外のなにものでもないよな。転倒して体を地面に打ちつけながら繰り返し練習していると、少しずつだけど真っ直ぐ進めるようになる。「今日の練習はこれくらいかな」なんて高を括っていると、親父は「帰りは自分で帰ってこい！」というじゃないか！　親父は、軽トラックに補助輪だけを積んで、そのままひとり家に帰っちまった。

マジかよ……。その光景に呆然《ぼうぜん》としたけれど、自分で帰るしかない。田舎道を何十回転んだか分からないが、傷だらけになりながら、俺はどうにかこうにか家に帰った。

小学生になると、我が町の男子は少年団のソフトボールチームに入るのが慣例だった。子どもの数が少ないから、野球が好きとか嫌いじゃなく、半強制的にソフトボールをやることになる。

そして、この頃から親父のスパルタ度が増していった。早朝に叩《たた》き起こされ、通学前の素振りが日課になった。俺はそこまでソフトボールに熱がなく、ただまわりがみんなやっているから仕方なしにやっているだけなのに、逆らうことなど許されない。毎朝、毎朝、素振りをしてからの学校は、なかなか大変だった。

親父も地域の野球チームに入っていて、よく野球の話をした。夕飯のときは、決まってナイター中継がテレビから流れていた。田舎だから巨人戦しかやっていないし、小学生はみんな巨人ファンになる。俺も最初はクロマティが好きだった。

でも、変わり者の親父は、巨人以外を応援するスタイルを貫き通していた。アンチ巨人というよりは、強い巨人に他の弱いチームが立ち向かっていく姿が好きだったみたいだ。これまた、「王道を行くな」の精神である。

当時、巨人の野球帽が欲しくて、俺は親父に懇願した。すると親父は、近鉄バファローズの帽子を買ってきたではないか！　アルファベット一文字のスマートな野球帽じゃなく、あの岡本太郎《おかもとたろう》がデザインした水牛の角が描かれた奇抜な帽子だ。しかしまあ、よりによって近鉄ってなんだよ。せめてセ・リーグだろ……。

のちに俺は大の虎党になるわけだけど、きっかけは1985年に阪神が優勝したことにある。結局、親父の「王道を行くな」の教えを徹底的に刷り込まれた俺は、優等生のシンボルである巨人を応援するのではなく、阪神を応援するようになっていくのだった。

俺はそもそも優等生ではなく、はっきりいって悪ガキだ。そんな性格だから、強いものに立ち向かう猛虎打線に熱狂した。1985年4月17日の巨人戦、バース、掛布《かけふ》雅之《まさゆき》、岡田《おかだ》彰布《あきのぶ》のバックスクリーン3連発にはしびれたぜ。

弱い者が強い者に立ち向かっていく、力がなくてもあきらめずに戦いを挑んでいく——。この精神は、俺が競輪選手をやっているうえで胸に刻んでいるものだけど、親父の独特な教育が影響していることは否定しようのない事実である。

競輪選手を目指したきっかけ

田舎だから通学には自転車が必須だった。小学生の頃、学区外で乗るのは禁止されていたのだけど、悪ガキ仲間とどこまで行けるか競ったものだ。

ある日、みんなで相談して、自転車でいわき市を目指したことがあった。太平洋に面したいわき市へは、俺が住んでいる町から直線距離にして50キロメートル以上ある。しかし、山のなかを突っ切るわけにはいかないから、必然的に遠回りして国道を走るしかない。走行距離は70キロメートルから80キロメートルにもなるのだから、小学生にしたら一大チャレンジだ。

車でも1時間半以上かかる道のりだ。それでも俺たちは、意気揚々と出発した。町中から北上して新潟県と福島県を結ぶ国道289号線に入ると、あたりに店はなくなり、民家もまばらになる。国道なのに信号もない区間があるような一本道だ。

いわき市に向かっていくエリアは、「阿武隈《あぶくま》越え」と呼ばれる長いアップダウンの連続で、カーブとトンネルが延々と繰り返される。午前中はまだ元気いっぱいだった俺たちは、上り坂で「我先に！」と駆け上がろうと競い合った。下り坂は新緑からこぼれる日を浴びて目一杯駆け下りた。この下りの心地よさが上りの疲れを癒やしてくれる。しかし、代わり映えのしない景色が続き、だんだんと不安な気持ちが募り始め、体力は奪われていった。いつしかキツい上りに挑んでいく心も折れ、俺たちは途中で断念せざるを得なかった。いまとなっては、バカみたいで笑える話だ。

中学校に上がると、暴走族に憧れてママチャリを改造した。それこそ当時は、「ビー・バップ・ハイスクール」とか「湘南爆走族《しょうなんばくそうぞく》」といったヤンキー漫画が流行っていた時代だ。俺と同世代の田舎町の坊主たちは、みんなそういった漫画の影響をもろに受けたはずだよな。俺も自転車のハンドルをカマキリのように絞って、改造バイクの真似をして意気揚々と乗っていた。まあ、ただ目立ちたかったのだけど、田舎町ではそんなことでしか個性を出す方法がなかったんだ。

雨の日でも雪の日でも続いた自転車通学が、体力づくりの基礎になったことは間違いない。もちろん、通学だけじゃなくて、どこに行くのだって自転車だ。

ただ、親父が競輪好きで、自転車が生活と密接していたとはいえ、最初から競輪選手になりたかったわけじゃない。むしろ、暴走族に憧れる中坊の俺は、「あんなきついことを俺にやれるわけない」と思っていたし、プロなんて想像したこともなかった。

佐藤家の長男に生まれた俺は、「きっとこの町で平凡な生涯を終えるのだろう」と漠然と考えていた。実家が農家をやっていればそれを継ぐのが普通だし、継ぐものがなければ、人の多い郡山市やいわき市あたりでなんとなく就職するケースがほとんどだったからだ。

「都会に出たい」という憧れもなかった。ただ、寿司職人の叔父が正月に実家で魚をさばいてくれたり、寿司を握ってくれたりすることがあって、その姿を見て「職人ってかっこいいな」と感じていた。だからといって、寿司職人になるつもりもなかった。

そんなぼんやりした状態のなかで、親父だけは違った。「慎太郎、競輪選手はいい仕事だぞ」と、ことあるごとに吹き込んでくるのだった。

中学校は町にひとつしかなくて、1学年が100人くらいだった。少年団でソフトボールをやった延長で、俺は野球部に入った。そこで初めてウエイトトレーニングをやると、意外な発見があった。「俺は体を鍛えることが好きなんだ」と知ったのである。腕立て伏せをして腕に筋肉がついてくるのを見ると嬉《うれ》しかったし、やりがいも感じられた。

まわりは、田舎育ちで山のなかを駆けずり回っている奴らばかりだ。だから、身体能力が高い奴もたくさんいる。そこで俺の反骨心が掻《か》き立てられた。身長が低かったから、体を大きくしたい気持ちが人より強かったのかもしれない。

「体を鍛えていくことが仕事になったら最高じゃねえか？」

野球をしてウエイトトレーニングをしていると、そんな思いが徐々に芽生えていった。

中学時代は野球に打ち込んだのだけど、高校進学を考えなければならない。そこで、自転車競技部のある学校法人石川高等学校（以下、学法石川）への進学を決めた。

親父の洗脳の甲斐《かい》あってか、俺は「競輪選手を目指してみよう」と決意したのだ。


「どうやら慎太郎が競輪選手を目指すらしいぞ」

俺の決断を、親父も親父の競輪仲間のおっちゃんたちも喜んでくれた。ところで、田舎の家ってのは、とにかくセキュリティが甘い。いまはさすがに鍵を閉めているみたいだが、当時は玄関の鍵なんて開けっ放しだ。おっちゃんたちは仕事が終わると、勝手に俺の家に上がり込んでいた。そして俺が高校の部活から帰ると、あれこれ自転車部のことを聞いてきたり、励ましてくれたりしたもんだ。

おっちゃんたちは、当時あった競輪専門誌『月刊競輪』を持参してきては、「○○選手はこんな練習しているんだぞ」と最新の情報を教えてくれた。俺を思ってくれての行動だから嬉しいけれど、正直、ちょっと面倒くさいよな。なかには「本当かよ？」と思うような怪しい情報もあったのだけど、その人たちの競輪の知識は本当に凄くて、みんなで俺を育ててくれた。

そういえば高校時代、親父たちに連れられて、1993年に宇都宮競輪場で行われたGI・オールスター競輪を見にいったことがある。そこで俺は、競輪界のレジェンド・神山《かみやま》雄一郎《ゆういちろう》さん（栃木61期、グランドスラマー、GI16冠、2024年12月24日引退）のGI初優勝を目の当たりにした。

真っ先にゴールを駆け抜けた神山さんが両拳を突き上げると、地鳴りのような歓声が場内に響きわたった。神山さんは1周500メートルの大きな宇都宮バンクをゆっくりと回りながら、何度も何度も手を上げてファンの声援に応えていた。

神山さんはもともとスーパーエリートだ。名門・作新学院高等学校自転車競技部時代には全国大会で数々の高校記録を樹立し、競輪学校（2019年から日本競輪選手養成所と名称変更）在籍時には110勝を挙げ、ダントツのトップ成績で卒業した逸材中の逸材である。そんな鳴り物入りで選手になった神山さんでも、デビューから5年間はタイトルを獲れず、足踏み状態が続いていた。

そんななか、念願の初タイトル獲得を地元の宇都宮競輪場で成し遂げたわけだから、ファンが興奮するのも当然だ。競輪場全体がもの凄い熱狂だった。満員のお客さんの前で号泣しながらインタビューに答える神山さんを見て、俺も興奮したし、感動した。

そして同時に、親父が何度もいっていた言葉の意味を心から理解できた瞬間だった。

「慎太郎、競輪選手はいい仕事だぞ」

競輪選手という〝職業〟を教えてくれた父親には、感謝しかない。

学法石川で出会ったライバル

スポーツの名門校である学法石川は、野球、陸上、サッカー、ハンドボールなどに多くの有力選手を輩出してきたことでも知られる。

例えば野球なら、大洋ホエールズ（現・横浜DeNAベイスターズ）のエースだった遠藤一彦《えんどうかずひこ》さんや、千葉ロッテマリーンズの外野手だった諸積兼司《もろづみけんじ》さん、オリックス・ブルーウェーブ（のちのバファローズ）でエース格の活躍をした川越英隆《かわごえひでたか》さんらが有名だ。陸上界では、箱根駅伝のスターで東京2020オリンピック10000メートル代表にもなった相澤晃《あいざわあきら》さんらがいる。その学法石川から、もっとも多くプロ選手になっているのが競輪だ。この学校の自転車部に入ることを決めた時点で、俺の将来の道筋も一本になった。

高校入学に合わせて、親父は競技用の自転車（ピスト）と通学用のロードレーサーを買ってくれた。自宅から学校までは片道約25キロメートルもある。俺は毎日、JR水郡線と並走する〝ツールドフランスの山岳コース〟のような国道118号線を往復2時間かけて通学した。

学校に行けば行ったで、部活でさらに自転車に乗り込むことになる。それこそ授業のない日は、午前に100キロメートル、午後に50キロメートルと乗り込むから、通学の距離と合わせて、1日に約200キロメートルも乗っていた計算になる。これはさすがにしんど過ぎる距離だ。だから、その〝地獄の日々〟が続く夏休みや冬休みが嫌で嫌で仕方なかった。

通学と練習で体は疲れ切っていた。学生の本分は学業なのは理解しているが、俺の場合、授業中は眠って体を休められる貴重な時間となった。

当時、学法石川出身の競輪選手では、1988年に新人王に輝いた長谷部純也《はせべじゅんや》さん（茨城57期、2012年11月29日引退）が稼ぎ頭だった。たまに学校に来ては、いろいろな経験談を話してくれた。長谷部さんはGIレースの常連選手だったから、テレビの競輪中継でもよく観ていた選手だ。当の本人を目の前にすると、俺たちは「すげえ！　長谷部純也だ！」みたいな憧れの眼差しで見ていたっけ。

俺たちの5歳上の先輩には、金古《かねこ》将人《まさと》さん（福島67期、現・日本競輪選手会専務理事、ＧⅠ1冠）がいる。金古さんは、１９９５年にＧⅡのヤンググランプリ、２０００年にはＧⅠの読売新聞社杯全日本選抜競輪で優勝してタイトルホルダーになるのだが、俺が高校に入った頃がちょうどＳ級で活躍し始めた時期だった。

そんな金古さんは、俺たちが出る大会の手伝いに来てくれると、「おまえら、挨拶の声が小せえぞ！」なんて後輩に檄《げき》を飛ばしていた。１８７センチメートルもある金古さんは、とにかく体がデカい。それだけじゃなくて、鋭い眼光の持ち主だ。いまはそれこそ相撲の親方みたいな迫力なのだけど……当時はまだスリムだったんだ。初めてお目にかかったときは、「あの背が高くて怖い布袋《ほてい》寅泰《ともやす》みたいな人が金古さんか」とビビったぜ。

さて、高校時代の俺の成績はというと、県内で〝万年2位〟だった。１０００メートルのタイムトライアルと、スプリント種目を主にやっていたのだけど、学法石川の同級生のテル（榊枝輝文《さかきえだてるふみ》、福島79期）がべらぼうに強くて、まったく歯が立たなかったんだ。神山

（雄一郎）さんがずっと持っていたインターハイの高校記録（１０００メートルタイムトライアル）を破って優勝するようなテルと2位の俺とのあいだには、そう簡単には埋められない差があった。

当時の俺は、テルから大きな影響を受けた。学法石川の自転車部は、とにかく根性第一。他の名門校のように、自転車のセッティングや乗車フォームを詳しく教えてもらえるような環境ではなかった。だから、当時はすべてが手探りだったし、身近で強かったテルのセッティングをよく真似したものだ。

テルの他に、同世代にはスターがあと3人いた。小倉竜二《おぐらりゅうじ》（徳島77期、ＧⅠ2冠）、岡崎孝士《おかざきたかし》（熊本77期、２０１１年4月19日引退）、そして、小野《おの》俊之《としゆき》（大分77期、２００４年ＫＥＩＲＩＮグランプリ覇者）である。小倉はインターハイのスプリントチャンピオン。岡崎は早熟な選手で、プロとしてデビューしてから1年以内にS級に駆け上がり、わずか2年足らずでＧⅠ・日本選手権競輪《にほんせんしゅけんけいりん》の決勝にまで乗った男だ。小野は、高校時代に国体で優勝して、アジア大会でも表彰台に上がり、18歳で世界選手権に出場した。この３人は高校卒業と同時にストレートで競輪学校の77期に合格した。

テルの話に戻すけど、俺はいつもテルに「おまえが俺のライバルだから」といっていた。だけど、あいつは「俺のライバルは大分（小野のこと）にいる」とまったく相手にしてくれなかった。

当時、心のなかでは「この野郎！」と思ったよ。そして、いまでも何十年も前にいわれたことを鮮明に記憶しているのだから、俺もなかなか執念深い男だぜ。

でも、テルといういいお手本が近くにいてくれたおかげで、俺はあいつの背中を必死で追いかけ、高校時代の苦しい練習に耐えられたのだと思う。

長距離をやっていたマコト（鈴木誠《すずきまこと》、福島84期）も学法石川の同級生で、俺たちは団体追い抜きのメンバーだった。団体追い抜きは、別名「チームパシュート」とも呼ばれ、4人一組で走る競技だ。風圧をまともに受ける先頭を交代しながら、全員のスタミナを計算しつつ、効率よく走ってタイムを競う。

俺とテルとマコトと、もうひとり、日本大学の自転車競技部に進んだ岡部《おかべ》英人《ひでと》（現・富山県立八尾高校教諭）の4人でインターハイに出場して、3位になったこともある。ただし、アマチュア時代の俺の輝かしい実績はそれだけだ。要するに、高校時代は、自分に才能があるとは思えないような選手だったわけだ。

競輪選手になれる人間は、本当に自転車が好きで、才能に溢《あふ》れた一握りの人という認識を持っていた。もちろん俺だって、競輪選手になりたくて学法石川で苦しい練習に耐えていた。でも、毎日、毎日苦しい練習をやっていても、選手になれるという自信を得るには至らなかった。

「俺は本当に競輪選手になれるのだろうか?」

そんな不安を、いつも抱えていた。

添田一門に弟子入り

競輪選手になるためには、現役選手の誰かに師事する必要がある。つまりそれは、「師匠を持つ」ということを意味する。ここでいう師匠というのは、いわば身元引受人のような存在だ。師匠はまず自転車の乗りこなし方や整備の仕方を教え、弟子が競輪学校(現・競輪選手養成所)に合格してプロになるためのトレーニングにとことんつきあう。ときには飯の面倒も見てくれるような、親子同然の関係を築くというわけだな。

いくら競輪が個人競技だからといって、最初からひとりですべてをやるのは不可能に近い。だって、競輪場で練習するのだって、いきなりどこの馬の骨かも分からない奴はそこに入れないだろ？　でも、「○○さんの弟子」という〝肩書き〟があれば、競輪の世界に受け入れてもらうことができる。

現役選手にツテのなかった俺は、高校の恩師から学法石川ＯＢである添田《そえた》広福《ひろよし》さん（福島49期、２００８年7月4日引退）を紹介してもらうことになった。

添田さんは、学法石川から中央大学に進み、長距離の選手として活躍した人だ。大学時代には世界選手権にも二度出場している。競輪選手になってからはＳ級に上がるなどしたものの、ＧＩタイトルを獲るような華々しい活躍があったわけではない。でも、本当にしっかりとした理論と哲学の持ち主で、のちに名伯楽と呼ばれることになる。

実は、以前から添田さんの存在を俺は知っていた。添田さんは競輪選手でありながら、音楽の趣味が高じて「三本ローラーの詩」というレコードまで出していたのである。三本ローラーというのは、床底に固定して自転車の室内練習ができる装置である。

高校の自転車部の練習で使っていた、泉崎村にある自転車競技場にそのレコードのポスターが貼ってあったのだ。それを俺たちはいつも眺めていたもんだから、師匠に初めて会ったときは、「あ！　三本ローラーの人じゃん！」が第一印象だった。

師匠といえば、競輪の世界では親代わり的な存在なため、どういう人柄なのかはとても重要な部分である。高校の監督から素晴らしい人だとは聞いていたが、俺はすぐに「この人なら任せても大丈夫だ」と確信した。話してみてすぐに誠実さが伝わってきたし、どんな質問をしても納得させられる答えばかりだったからだ。

師匠との最初のやり取りは、いまでもはっきりと覚えている。
「ところで慎太郎、おまえどういうつもりで競輪選手になりたいんだ？」（師匠）
「S級に上がって活躍できる選手になりたいです」（俺）
「それだったら、俺の弟子にはしない」（師匠）
きょとんとする俺。
「絶対にタイトルを獲る。GⅠで優勝したい。そんな気持ちがないとダメだ」（師匠）

「分かりました。じゃあ、ＧⅠを獲ります。ご指導よろしくお願いします！」（俺）

この人の下でやったら、本当にＧⅠ獲れるんじゃねえか？

俺は単純（素直ともいうけどな）な性格だから、師匠のいうことを真に受けて、「ＧⅠを獲る」と高らかに宣言した。

そうして俺は、晴れて添田さんの弟子になった。テル（榊枝輝文）とマコト（鈴木誠）も添田さんの弟子になった。

当時、師匠には澤田誠《さわだまこと》さん（福島83期、２０１４年1月7日引退）という一番弟子がいて、マンツーマンで澤田さんを指導していた。俺は、高校3年生の秋にあった国体が終わってから、競輪学校の受験を目指して本格的な練習に参加することになる。

師匠は、とにかく俺をその気にさせる名人だった。

俺は、高校時代にたいした戦績も残しておらず、まったくもってエリートではない。そんな奴が、「ＧⅠを獲るなんていっちゃって平気なのかな？」と正直、思っていた。

でも師匠は、俺との練習のなかで、「あの選手はこんな走りをしていたぞ」と競輪界の上位選手を引き合いに出して、詳しく説明してくれた。つまり、俺がそのステージに行くことを前提に指導してくれたのだと思う。

いつの間にか俺は、まだ競輪学校さえ受かっていないのに、常にGIの優勝争いをするのがあたりまえの選手になれるという錯覚を起こし、やる気が漲《みなぎ》っていた。

師匠の言葉をすべて信じ、練習に明け暮れた。

親父の〝洗脳〟もそうだけど、どうやら俺は暗示にかかりやすいようだ。

師匠が他の弟子に対してどう指導していたかはよく分からないけれど、調子に乗りやすい俺の性格を見抜いていたことは疑いようがない。

東大に入るより難しかった競輪学校

プロになるためには、「日本競輪学校」（当時）の試験に合格し、学校で1年間の訓練を受けることが必須とされる。試験には、自転車競技経験者向けの「技能試験」と、未経験者向けの「適性試験」の2種類があって、それぞれ学科と実技の試験をパスする必要がある。技能試験の実技は1000メートルと200メートルで、それぞれを規定タイム内で走ることが条件だ。

「日本競輪選手養成所」と名前が変わったいまの倍率は6倍程度といわれるが、俺たちの頃は倍率10倍以上の狭き門で、「東大に入るより難しい」なんていわれていたほどだ。頭脳は東大には到底及ばないけれど……いずれにしても、競輪学校に合格するのは簡単なことではなかった。


俺は、競輪学校77期の技能試験の受験に失敗した。不合格の理由は発表されないので、なにが原因だったか明確には分からない。ただ、1000メートルの規定タイムは練習のときからしっかり出せていたし、学科も自信はあった。受験当日は、「受かったんじゃねえかな」という手応えはあったんだ。思いあたるとすれば、当時の俺はまだスピードが足りなかったから、200メートルのタイムが出ていなかったのかもしれない。もしくは、面接で生意気なことを言い過ぎたのかな?

ただ、落ち込んでいる暇なんてなかった。「競輪選手になる」と決めたからには、とにもかくにも競輪学校に合格して、卒業しなければスタート地点にすら立てないのである。

そこから師匠との約半年に及ぶ猛練習の末、二度目の受験で78期に合格した。

当時の競輪学校は半年ごとに新入生が入るシステムで、ストレートで合格した同学年の小倉（竜二）、岡崎（孝士）、小野（俊之）らからは半年遅れでの入学となった。一般的に実力のある生徒はストレートで奇数期に合格するため、偶数期はレベルが落ちるのが相場だ。77期は、小倉、岡崎、小野の他にも、タイトルホルダーとなった静岡の村本大輔《むらもとだいすけ》（ＧⅠ1冠、２０１６年11月15日引退）や、ＧⅠ常連である愛知の山内卓也《やまうちたくや》といった個性派の実力者が揃《そろ》っていた。

一方の78期は、大学ラグビー界から転身してきた愛知の渡邊大吾《わたなべだいご》さん（２００６年１月30日引退）の合格が話題になったくらいで、選手の顔ぶれは小粒も小粒だった。

77期と78期のふたつの期が半年間を一緒に過ごすことになるのだが、同い年でも77期で合格した彼らは〝先輩〟である。そのあたりは厳しい世界だから、挨拶は後輩の俺たちからしなければならない。俺だってそれなりにやんちゃなガキだったから、そんな状況にいるとメラメラとライバル心が芽生えてくる。でも、壁に貼り出される記録会のタイムを見比べると、77期と78期ではあきらかな差があった。「やっぱり彼らはエリートの集まりなのだ」と思い知らされた。

競輪学校の朝は、分刻みで行動せねばならず忙しいったらありゃしない。6時半に起床し、6時45分に点呼を取ると、「錬成」と呼ばれるストレッチやランニングを行う。その後の掃除は、7時半の朝食までに済ませる必要がある。

午前中は、いわゆる「座学」が中心だ。学科の内容は、自転車理論、整備技術から法令や一般教養、そして栄養学にまで及ぶ。9時から始まる3時限の学科は、眠気との格闘だ。昼食をとったら、いよいよ厳しい訓練が待っている。

午後練は、まず走路（バンク）に入ってウォーミングアップ代わりの周回練習からスタートだ。負荷をかけて重いギアでもがくこともある。1000メートル独走は、ゴール後に酸欠で倒れる者も出るくらいにきつい訓練だ。また、バイク誘導での練習は、バイクを風よけにして極限までスピードを引き出すものだ。そんな具合に、スピード系、持久系のトレーニングを次々とこなしていく。

競輪学校名物「登坂訓練」は、たびたびメディアにも取り上げられるので知っている人もいるだろう。傾斜13度の急坂は、スタート地点から見ると、ほぼ垂直の壁のようにそびえ立っている。生徒たちが助走をつけて全長333メートルを一気に駆け上がる様子は、まるで鮭《さけ》が川を遡上するようにも見える。

ただし、俺の場合は高校でさんざん厳しい練習を課せられていたおかげで、競輪学校での練習は楽勝だった。よく、競輪学校の厳しさは「軍隊並み」なんて表現されるのだけど、俺にとっての軍隊並みの厳しさは、学法石川の練習だった。学法石川は、まるで職業訓練校みたいなもので、理論こそたいして教えてもらえなかったのだけど、練習だけはきつかった。高校を卒業して師匠のもとでもハードな練習をしていたこともあって、その延長線上にある競輪学校の練習は、たいして苦にならなかったのである。

競輪学校から逃げ出したくなることなんてなかったし、「卒業さえしてしまえば、プロで稼げる」という明確なビジョンがあった。学校では、「デビューしたらどうやって強くなろうかな」なんてことばかり考えていた。

競輪学校時代に印象的だったのが、卒業式だ。1年間をやり切った安堵感《あんどかん》からなのか、ほとんどの生徒が涙を流していた。その1年間がつらかったのかもしれないし、卒業できることが嬉しくて仕方なかったのかもしれない。でも俺は、そんな他の生徒たちをどこか冷めた目で見ていた。

だって、そうだよな？　真の勝負が始まるのはここからじゃねえか？

俺は78期における同期の74人中、在校成績13位で卒業した。順位だけ見たらそこそこかもしれない。でも、「俺はそれなりだ。プロでもどうにかなるだろう」「俺は強い」なんて一度たりとも自惚《うぬぼ》れたことはなかった。

だから、卒業式で涙なんて出なかったし、俺はその場でこう思ったよ。

「泣いてる場合じゃねえよ！」って。

いざ、プロの世界へ！

競輪学校を卒業し、いよいよデビューの日が決まった。デビュー戦は1996年8月14日、地元のいわき平競輪場である。

モチベーションは最高潮に高まっていた。競輪学校を出てから師匠と取り組んだトレーニングはより専門的なもので、レベルが上がっていくのを実感していたからである。競輪学校の基礎的な内容とは異なり、スピード系や、ヨコの動きの練習を多くやった。競輪学校での練習よりもあきらかにきつく感じたし、経験が浅い俺にとって対応が難しいものだった。その練習を繰り返しやったことで、少しは自信がついたのだろう。

師匠の練習は、漠然とやらずに必ずタイムを計る。タイムで見ることで、昨日の自分と今日の自分を比較されるから手が抜けない。まるで、自分自身をライバルにさせられているようで、いつも緊張感があった。成長スピードの速さを実感したし、練習が苦しくても、どんどん自分が強くなっていくのが楽しかった。

デビュー戦の前日、「明日から行ってきます」と師匠へ電話を入れると、競輪場に入る前に自宅に寄るように指示された。

選手は、レースのある前日（前検日）から競輪場に入るという決まりがある。通信機器や貴重品を預け、車体検査や医務検査を受けることが義務づけられているのだ。それにパスしなければ、翌日からのレースを走ることはできない。

そんな前検日の朝、競輪場に向かう途中で師匠の家に寄った。

「慎太郎、いよいよデビューだな。力を出し切れよ」といった〝簡単な訓示〟が終わると、どこからか奥さんがアコースティックギターを持って現れた。それを受け取った師匠は、高らかにこういった。

「それでは、デビューする佐藤慎太郎に1曲贈ります。『オオカミの旅立ち』！」

きっと、だいぶ前からこの段取りは組んであったのだろう。師匠は数ある自作曲のストックから、この日に「オオカミの旅立ち」を歌おうと決めていたのだと思う。段取りがしっかりしている師匠のことだから、しっかり練習していたはずである。ギターのチューニングは完璧に合っていたぜ。

師匠の弾き語りでデビュー戦に送り出された競輪選手は、後にも先にも他にいないんじゃないか？　ギターをかき鳴らしながら勇ましい歌を熱唱する師匠と、隣で正座してそれを真顔で聴いている奥さん。その強烈な光景は、一生忘れることがないだろう。笑える話だけど、俺は本当に嬉しかった。

そういえば師匠は、競輪学校時代にちょくちょくハガキを送ってくれた。そこには、いつもこんな感じの内容のことが書かれていた。

「練習は誰にも負けないと思えるくらいにやりなさい。プロになっても、今回のメンバーでは自分が一番練習をしてきたという自信を持ってレースに臨めるように」

その言葉をいまでも心に刻み、俺は忠実に守っている。

これは師匠との関係にとどまらないことだけど、「強くなりたい」と思うなら、人の話を聞くことが第一歩だと思う。様々な意見や考え方を聞いて、自分に合いそうな練習方法や考え方を取り入れていく作業は楽しいではないか。もちろんなかには響かない話もあるのだけど、はなからシャットアウトするのではなく、まずは話を聞いて情報を仕入れてみる。相手の話をしっかり聞けば、こっちの話も聞いてくれるようになるし、信頼関係も生まれるってもんだ。

俺は師匠からそういったことも学んだ。

地元でのデビュー戦

いまの男子競輪のランクは大きくS級とA級に分かれていて、S級にはS班、1班、2班があり、S級の選手同士で走る。A級は1班と2班が一緒に走り、3班は3班だけ（チャレンジレース）で走ることになる。俺のデビュー当時には、いまでいうチャレンジレースの位置にあたるB級というクラスがあった。

現在は「ルーキーシリーズ」といって、デビューした新人は最初、新人同士で戦って慣らし運転のようなものをする。しかし当時は、いまでいうルーキーシリーズが存在せず、全員がB級に格づけされた。よって、いきなり実戦の9車立てのレースで、経験豊富な先輩たちと相まみえることになるわけだ。


地元で迎えるデビュー戦は、過度に緊張してもおかしくない場面である。だけど俺は、高揚感こそあったものの、割と冷静だった。「学法石川での厳しい乗り込みも、競輪学校での訓練も、日頃の師匠とのきついトレーニングも、これまでやってきたことすべてはこの日のためだ」。そう理解できていれば、緊張よりも冷静さを保つことができる。師匠にいわれた通り、これ以上ない準備をしてきた自負もあった。

また、プロとなって賞金をもらって走れることが嬉しかったし、「B級で負けるわけはない」という強気な考えもあった。

発走5分前――。控え室で8人の先輩たちに囲まれても、まったくビビらなかった。オッズが映されるモニターを観ると、車券の大半は俺から売れていた。オッズというのは、いわばファンがつくり出す強さのバロメーターである。つまり、車券を買ってくれた競輪ファンみんなが、「佐藤慎太郎が一番強い」といってくれていることを意味する。一番人気であることも、俺の背中を押してくれた。

敢闘門（選手がバンク入出場するゲート）に整列し、ひとりずつバンクに出ていく。発走機に自転車をセットすると、場内にかなりの数の観客がいることが分かった。だからといって、浮き足立つことはない。応援も野次も心地よいBGMに聴こえるくらいに、俺は集中していたからだ。

ところで、佐藤慎太郎は追い込み選手のイメージが強いよな？　でも、俺だって最初は自力選手として戦っていたんだ。

初日はいいかたちで先行できて、逃げ切りでデビュー戦を飾ることができた。1着でゴールを駆け抜けたら、ファンの声が場内にこだました。

「慎太郎、おめでとう！」

「よくやったな！」

舞台はB級だ。俺が高校のときに見たオールスター競輪の神山（雄一郎）さんの優勝の盛り上がりには到底及ばないにせよ、地元ファンの声援は温かく、「これでようやく競輪選手になれた」のだと実感した。プロの競輪選手として、ファンの車券に貢献できたことも嬉しかった。

しかし、勝負はなにが起こるか分からない。準決勝は同期の平田徹《ひらたとおる》さん（静岡78期）と主導権争いになった。俺は先手を取ったが、巻き返してきた平田さんを勢いよくヨコに振ってしまい、そこで俺の自転車は車体故障を起こした。ただただ、前に行かれたくない気持ちだけが強く出てしまったレースだった。結果、俺は5着でゴールした。

勝負に負けただけでは済まされなかった。ここで俺は、プロの洗礼を受けることになる。ゴール直後に場内の四方八方のファンからもの凄いお叱りを頂戴したのだ。初日に逃げ切ったときはあれほど温かく讃《たた》えてくれたファンが、1日でこうも変わるのか？　マジで恐怖を感じたぜ。でも、それは当然のことでもある。お金を賭けているのだから、おかしな競走をしたら叱られて当然なのだ。だから毎レース毎レース、本気で走らなくちゃいけないし、覚悟を持って走らなきゃいけない。

ただの罵声もあったにせよ、当時のファンは競輪を本当によく知っていたから、なかには心に響く野次もあった。「慎太郎、あそこはヨコに動くんじゃなくて、しっかりタテに踏み上げないとダメだ！」。ごもっともな意見である。「自分が勝ちたい、勝ちたい」だけではいけない。「着（成績）だけではなくレース内容も重視される」のだと、ファンから教えてもらった気がした。

当時のB級は4レース制で、準決勝がふたつ組まれていた。レース形態は9車立てなので、準決勝の4着までが全員決勝に進み、5着ふたりのうちひとりだけが抽選で勝ち上がることができる。抽選方法は、ガラガラを回して数字の玉が出てくる福引きでよく見るあれだった。ガラガラを回して、小さい数字を出したほうが勝ちとなり、決勝へと駒を進めることができる。俺は運よく抽選に勝ったのだけど、レースで負けた悔しさと痛烈な野次を浴びたショックで凹んでいた。それでも、なんとかギリギリで決勝戦を走れることになった。

2日目の失敗もあったので、決勝は再び気合を入れ直し、しっかりと勝ち切ることができた。いわき平でのデビュー戦は、1着、5着、1着の優勝で終えることができたのだった。

記念すべきデビューシリーズを、親父は現地で観戦してくれていた。競輪仲間のおっちゃんたちも一緒だ。むかし連れ回したあの坊主（俺）が、こうして金網の内側で走っている。親父もおっちゃんたちも、きっと特別な思いで見守ってくれたことだろう。ただ、準決勝でへまをして野次を浴びる姿をどう見ていたのか、それだけが少し気になる。いや、もしかしたら、一緒になって野次っていたかもしれねえ。

先輩たちが走る最終レースまでを見届けてから、俺は実家に戻った。すると、いつものおっちゃんたちだけじゃなく、他にもたくさんの町の人が居間に集まっていた。ひとりのおっちゃんが自慢げに俺を紹介して、みんなから「おめでとう」のシャワーを体いっぱいに浴びた。

俺にしてみたら、まだまだ上はあるし、B級で優勝するのは当然だと思っていた。「こんなことで大袈裟《おおげさ》にしないでくれよ」という気持ちもあった。意気盛んで生意気だった俺は、素直に「ありがとう」とはいえない気持ちでいた。

祝杯も進み上機嫌のおっちゃんたちは、「慎太郎が本当に選手になれるとは思わなかったなあ」なんてことをいってはニコニコしていた。感慨深いものがあったのだろう。考えてみりゃ、そりゃそうだよな。競輪を叩き込んでいたあの坊主が、地元でプロデビューして優勝を飾ったのだから。

俺が育ったような小さな町っていうのは、いい評判も悪い評判もすぐに回ってしまう。どうしても人の目が気になってしまう環境だから、俺のなかにも少なからず「地域の人に認められたい」という思いはあった。だから、地元の人たちが喜んでくれる姿を見て、少し安心した。

競輪という共通の趣味でつながった親父とその仲間は、いまでも仲よくつるんでいる。そして、当時と同じように俺のことを応援してくれている。「慎太郎はベテランになっても頑張ってるな」なんて親父にいってくれるそうだ。そのせいか、厳しかった親父も、最近じゃそれなりに褒めてくれるようになったぜ。

たまに一緒に車で出かけたりすると、親父は思わず心のなかにしまっている言葉が出てしまうみたいだ。「そういえば、このあいだのレースはあの展開でよく2着までいけたな」「それにしても、若い選手に交じって大したもんだ」なんて感じでさ。

いまとなっては、一競輪ファンの目線で俺を見てくれているのだろう。親父が喜んでくれているとしたら、ちょっとは俺も親孝行ができているのかもしれない。

それはそうと、競輪の素晴らしさも怖さも味わえたデビュー戦――。どうにか優勝という結果を出せたことで、家族にも師匠にも少しだけ恩を返すことができた。だけど、まだスタートラインに立って、号砲が鳴ったに過ぎない。

競輪界のトップを目指す道のりは、ここからが本番だ。

2 「競輪道」とはなにか

競輪を面白く難しくするラインの存在

まず、競輪という競技の特性を知るうえで、最初に理解すべきことがある。それは、「ライン」の存在だ。競輪以外の3つの公営競技である競馬、ボートレース、オートレースにおいては、馬やモーターが持っている能力、操縦する者の技術、位置取り、駆け引きといったものがレースを読むうえで重要なポイントになるだろう。また、それらすべてに共通しているのは、「個の戦い」であるということだ。しかし、公営競技において競輪だけが、駆け引きの点で他競技と圧倒的な違いを持っている。競輪は個々で動くのではなく、ラインと呼ばれる数人のチームごとに展開が動くからだ（ガールズケイリンは、ラインがなくて個人戦となる）。

1着はひとりだけなのに、チームで動くというのはなんだか複雑だよな？　ときにはラインの他の選手のために、〝犠牲〟になるような走りをすることもある。この点は不思議に思う人も多いだろうし、フェアじゃないと思う人もいるだろう。この、ラインという存在が、なんとなく競輪をとっつきにくくし、難解なイメージを持たれることにつながっているように感じている。選手である俺自身ですらそう思うのだから、一般の人ならなおさらだろう。

でも、ラインを理解することによって、競輪が公営競技のなかでもっとも推理や予想を必要とし、面白いものであるという答えに辿り着く。それこそ、競輪が「ギャンブルの大学」とか、「ギャンブルの終着駅」なんて呼ばれるゆえんだろう。

そもそも競輪は、作戦を立てることは当然として、動力だって人間の脚力だ。そうであるから、選手の心理を読む深さがあり、ファンが選手の立場になって自己投影するようなイメージで動きを推理する楽しみがある。馬の機嫌やモーターの調子は計り知ることができないよな？　でも、競輪はファンも選手も人間同士だから、心理を読む醍醐味《だいごみ》があるってわけだ。

ラインには、前後を走るそれぞれの選手に役割がある。簡単にいえば、前を走るのが基本的に自力選手（ラインの先頭でレースを動かす役割）で、後ろを回るのが追い込み選手（自力選手の後ろで他のラインを牽制《けんせい》し、自分のラインを守る）だ。

前を走る選手はまともに風圧を受けるため、スタミナのロスが大きい。一方の後ろを回る選手は、スリップストリーム（前の選手が壁となることで、後ろを走る選手は空気抵抗を抑えられる。空気抵抗が少ない場所）の影響で風圧がかなりカットされた状態で走ることができる。

そのため追い込み選手は、自力選手を敵（他のライン）から守ることが求められる。後方から迫ってくる他のラインの自力選手らをブロックして、自分たちのラインを守らなければならないのだ。自力選手は追い込み選手の前で風を受け、追い込み選手は体を張って他のラインの選手をブロックする。そうすることで、両者は対等の関係となる。

さらに深く知ろうとすれば、自力選手と追い込み選手の信頼関係、上下関係なども展開を読む鍵を握るものだ。そう、競輪っていうのはどこまでも人間臭い競技なんだ。

ラインがどうやって構成されるかについても軽く触れておこう。同県、同地区、競輪学校（現・競輪選手養成所）の同期などの関係性がまず優先され、他にも互いの利害が一致すればラインを組むこともある。例えば、ラインを組むのにめぼしい選手がいない、いわゆる単騎の余った者同士でラインを組むケースもある。俺が選手登録しているのは福島なので、ラインを組むのは福島の選手が最優先だ。その次が宮城、山形、岩手、秋田、青森、さらには北海道を含む北日本の選手とラインを組むのが基本になる。

ただ、レースの番組によっては、自分以外に北日本の選手が不在ということも珍しくないので、そんなときは関東地区（大きく東日本）の選手や、他の地区であっても先行選手が単騎の場合などは、その後ろにつくこともある。

「並び」はどう決まるのか

レースの前日に番組が発表されると、同地区の選手らが自然と集まり、話し合いが行われる。そこで、自分が誰とラインを組むのかが決まり、さらには並ぶ順番、いわゆる「並び」も決まることになる。

次にやるのは、検車場にいる新聞記者たちにコメントを出すことだ。これによってレースの各ラインの並びが情報として出され、車券を買うお客さんは前日からレースを予想することができる。グレードレースなど大きなレースは、前日からネット上で車券を購入することも可能だ。

ラインの「並び」を決める際に、ふたりの場合は並びが簡単に出る。自力選手が前で、追い込み選手が後ろを回るというシンプルな構図だ。でも、ラインが3人以上になると、並びを決めるうえで序列が関係してくるので一筋縄にはいかない。ラインはまず、先頭を回る自力選手が決まったら、次に追い込み選手が並ぶ順番を決めなければならない。競輪は「番手」と呼ばれる自力選手のすぐ後ろの位置が、もっとも勝利に近い位置になるため、番手を回る選手は、3番手を回る選手より格上の選手であるケースが大半を占めることになる。

序列を決めるうえで、級班の格づけや、競走得点の優劣がはっきりしていると分かりやすい。俺の場合は、いまのところ格づけのピラミッド上では上位クラスにいるので、発言権や決定権は自然と大きくなるし、強い自力選手の番手を回れる確率も高くなる。

ただ、それだけで決まらない場合もある。自力選手の後ろをどちらが回るかで互いの主張に折り合いがつかず、意地がぶつかり合って同県や同地区で競ることもある。

または、「自分のレーススタイルを曲げたくない」という理由から、単騎で走ることを選ぶ選手も存在する。競輪選手というのは、あくまでも個人事業主だ。いくらラインという概念があるからといっても、最後の判断は自分次第ということになる。

もう少しつけ加えておくと、同じレースに同地区の目標になる自力選手がいても、「この選手の後ろでは勝負権がない」とシビアに判断してラインを構成しないこともあるし、自力選手との関係性がよくないという理由で連係しないケースも稀《まれ》にある。人間ってのは、まったくもって複雑だぜ。

レース前日に並びが決まってレース当日を迎えると、ラインを組む選手たちと作戦会議を開く。そこで、対戦相手との力関係を分析し、戦術などもすり合わせ、自分たちのラインがどう戦ったら勝てる確率が高いかを考えるわけだ。ただし、レースは生き物だし、相手ラインの思惑だってある。よって作戦はひとつに限定せず、いろいろな場面に応じた対策を練ることが求められる。

そこでもっとも大事なのは、自分のラインの自力選手がどういう戦い方をしたがっているかということだ。なぜなら、自力選手の脚質によって、できることとできないことがあるためだ。スピードはあっても持久力がないタイプもいるし、スピードはそこまでないにせよ、持久力があるタイプもいる。または、位置取りが苦手で別ラインの選手と並走になると力を出せないタイプもいる。勝つためにしたいレースの理想はあるにせよ、レースを動かしていく自力選手の個性を尊重しないとベストな戦い方はできない。

新人選手は、ほぼもれなくデビューしたら自力で戦うことになる。ざっくりいえば、活きのいい若手選手が風を受けながら果敢に駆けて、さばきのいいベテラン選手が後ろを回って敵の攻撃からラインを守るといったイメージだ。

ただ、選手の戦法というのはだんだんと変化していく。自力で戦うことが性に合っていれば、ベテランになってもスタイルを変えない選手もいるが、自力が通用しないと判断すれば徐々に追い込み選手へとスタイルをチェンジしていくのが自然な流れだろう。俺もデビュー当初は自力で戦っていたのだけど、同地区の選手に強い自力型がたくさんいたこともあって、追い込み型にスタイルチェンジをしたのは早かった。

そんな話もあとで詳しく書いていく。

勝つためならなんでもやっていいわけではない

ここまで書いてきたように、競輪はラインで戦う競技だが、「1着」という勝利を手にできるのはたったひとりしかいない。そこでまず、俺の考えとして伝えておきたいのは、自力選手と追い込み選手はフィフティーフィフティーの関係であるということだ。

自力選手が単騎で走るとなるとレース中にいい位置を取ることが難しくなるし、追い込み選手のガードを受けることもできない。一方、追い込み選手は脚力的にも風を切るレースができないし、仮に自力を多少出せたとしても、その距離は自力選手に比べれば圧倒的に短く、とてもじゃないが他のラインを飲み込むようなレースをするのは難しい。

よって、自力選手と追い込み選手は、互いにリスペクトする存在であるべきだと思う。最近はこのあたりの均衡が崩れてしまっている感じがするのだが、そのことはまたあとで語る。

とはいえ、競輪っていうのはどこまでも複雑だ。「自力選手と追い込み選手がフィフティーフィフティーの関係が望ましい」といっても、報われる者と報われない者がどうしたって出てくるからだ。自力選手と追い込み選手が対等の関係を築くためには、互いにリスペクトの気持ちを忘れてはいけないいし、ラインというものが存在する限り、どこかで自己犠牲の精神だって必要になる。

あらためてここで、自力選手と追い込み選手について深掘りしておこう。

自力選手のほとんどがそうであるように、若い頃は同地区の先輩たちのために先行して、差されたり、捲《まく》られたりしながら、だんだんと後続の選手たちに抜かれない強さを培っていく。これは単純に脚力がついてくるからという理由だけでなくて、レースのペース配分や、駆け引きなどのテクニックを身につけることで、レースを優位に運べるようになっていくという意味も含まれる。そして、自力選手の強みは、なんといってもレース全体を支配できることだろう。後ろの先輩になにをいわれようが、最終的に仕掛けるタイミングは自分次第だからだ。

しかし、なかなか成長できない自力選手というのは、いつまで経っても損な役回りを強いられるケースが多くなる。相手の自力型が強ければ、相手を逃がしたら捲ることができないから、せめて先行して後ろの選手にはチャンスがあるように走らないと、前を回る意味がなくなってしまう。いわゆる、引き出し役（先行で押し切るまでの力量がないため、後ろのラインの選手を引き出すことに徹する）ばかりになってしまうわけだ。

追い込み選手の場合は、力関係に差があると強い追い込み選手の前を回ることは原則的にできない。やはり、競輪は「番手」で走ることがもっとも有利であり、競走得点が高い選手が優遇される。いや、優遇ではない。「力でもぎ取った位置」という言い方でいいんじゃないかな。ラインの3番手や4番手に甘んじていては、勝てるチャンスは確実に低くなるし、確定板にのる（着順が確定すると、電光掲示板に3着までが発表されるため、3着以内に入ることをそう表現する）機会にも恵まれない。あたりまえだが、競走得点だってなかなか上がっていかない。

仮に3番手以下で走ることが多い選手であっても、直線で突き抜けるようなタテの脚を磨くか、いい位置を回ったときにしっかりと結果を出すことが重要だ。そうやって競走得点を上げていき、1車ずつ番手を上げていくしかない世界といえる。

いずれにしても、年齢に関係なく、さらには自力型・追い込み型に関係なく、誰もが勝利だけを目指して練習している。自分の弱い部分を強化し、得意な部分をさらに磨こうと日々苦しい思いをしているのだ。そうやって努力している以上、誰だってレースで結果を残したい。誰だって予選を勝ち抜いて、決勝戦のゴール線を先頭で駆け抜けたい。

だからこそ、ラインのみんなが同じ方向だけを見て戦うのは簡単ではないのだ。自力選手は自分が押し切れる位置から仕掛けたいのが本音だろう。追い込み選手は追い込み選手で、少しでもいい番手を回りたいし、自力選手には自分が追走しやすいように仕掛けてほしいと心のなかで思っている。

結局は、誰もが1着が欲しいのである。しかし、何度も何度も繰り返すが、競輪はとにもかくにも複雑な競技である。相手ラインに対してだけではなく、同じラインのなかでも人間の思惑や感情が渦巻く、この「競輪というコミュニティ」のなかでは、勝つためならなんでもやっていいことにはならないのだ。ラインもなにも関係なく、ただ個人が脚を競い合う競技なら自分の考えだけで走っていればいいけれど、人間同士の関係性は現役選手でいるあいだはずっと続いていく。

だから、本当に難しい。

「競輪道」は、自分を主張する都合のいいカード

〝均衡〟を保つために競輪界には暗黙のルールが存在する。そして、それを表すのに、「競輪道」という〝便利〟な言葉が使われる。

競輪道というのは、一種の不文律である。なぜなら、競輪道が優しく書かれたマニュアル本があるわけではないからだ。「自力選手はこのメンバーならこう戦うべきである」「追い込み選手はこの展開ならこう動くべきである」と書かれているものが存在しないので、

すべての選手の意見が完全に一致することは永遠にない。そこで、「どうやったらラインが勝てるのか」「勝つための近道はどこなのか」を考えるのが競輪道のベースになるのだろう。

そのなかで、自分に課せられた役割を考え、ベストなレースをするしかない。なによりも、車券を買ってくれているファンがいる限り、「勝つ確率が低い選択」をするのは、道に反する行為だからだ。

自力選手はラインを連れていくために風を受け、追い込み選手は前で頑張る自力選手を可能な限り援護しなければならない。自力選手がラインをまったく気にせずにひとりよがりな仕掛けをしたり、本来行くべきところでスカしたりすれば、それは非難の対象となって当然だ。追い込み選手がガードもせず、早々に別のラインに切り替えて自力選手を見殺しにしてしまえば、「あいつは非情な選手」だといわれる。

つまり、かなり曖昧な表現になるけれど、〝そう見えないレース〟こそが、競輪道に則ったレースといえそうだ。競輪道においては、選手間である程度の共通認識はあるにせよ、自力選手には自力選手の道があって、追い込み選手には追い込み選手の道がある。同じラインであっても意見が合わないことがあるし、自力型から追い込み型に戦法を変えることでも、その選手の競輪道は変化していく。

きっとファンのなかにもそれぞれの競輪道があって、その道に反した走りを選手がすれば、批判したくなるだろう。それもまた競輪が持つ側面のひとつである。つまり、競輪道っていうのは一本道ではないということだよな。たくさんの道があって、途中で合流したり、また離れたりもする――。それが、競輪道というわけだ。

批判されることを承知でいってしまえば、競輪道というのは、選手それぞれが自分を主張するための〝都合のいいカード〟のようなものなのかもしれない。

競輪道は十人十色で答えがない

俺が現役を続けてきたこの29年のあいだには、何度もルールや制度が変更された経緯があった。また、道具やトレーニング方法の進化によって、急速に競輪のスピード化も進んだ。その著しいスピード化により、むかしのように追い込み選手が細かいテクニックを披露する場面は減ったし、いまとなっては、トップクラスの大半が自力選手で埋め尽くされている。そのことを前提にすると、自力選手と追い込み選手のパワーバランスは対等ではなくなったように感じている。

そのことは、並びを決めるときにも関係してくる。例えば、自力選手ふたりと追い込み選手ひとりの3人のラインを組むケースだと、ひとりの自力選手が一番前を回り、もうひとりの自力選手が「普段は前を回っているのだから、どのようなメンバー構成でも前を回りたい」と番手を主張することがあたりまえになった。でも俺は、その流れに100パーセント納得することはできない。

追い込み選手が自力選手に対して、「この前は俺の前でいい先行をしてくれたよな。今回は目標（同じラインの他の自力選手）がいるから、一番チャンスのある位置（番手）をどうぞ回ってくれよ」なんて具合に自力選手を立てることが競輪道だというのであれば、それはちょっと追い込み選手が下に見られているような思いになる。

そうした「主張」の部分もあるにせよ、大事なのはそれだけではない。ラインというのは並びによって確実に強度が違ってくるということである。場面によってはひとりの自力選手を3番手に回し、追い込み選手が番手に挟まったほうが隙のないラインになることもあるからだ。ヨコの動きができない自力選手を番手に回したら、他のラインに切り込まれる可能性が高まるということも理解しておく必要がある。

こうして言葉として書けば、なんとなく筋道が見えてくるように思うが、実際のところはそう簡単ではない。

「俺が番手を回りたい」（自力選手）

「おまえが番手を回るとリスクが増える」（追い込み選手）

こうやって意見がぶつかると、なかなかやっかいだ。同じラインでも駆け引きが行われ、過去の実績やら現在の競走得点、または選手としての格といった、〝手持ちのカード〟の切り合いになってしまう。

でも、互いに妥協できずに別線で戦うことになるくらいなら、どこかで折り合いはつけないといけない。やっぱり、ラインは2車より3車、3車より4車でまとまったほうが絶対に強いからだ。勝利を得るためにはどうすることが最善の策なのか、そのためならどこまで自分は妥協できるのか——。考えることはたくさんあるってわけだ。

現在、競輪は男女合わせて約2400人の選手がいるのだけど、そうなるとその選手の数だけ競輪道があるわけで、まさに十人十色の世界である。「自分は正しい」と思っていても、相手には都合よく聞こえることもあるからだ。でも、繰り返しになるが、ラインである限り、どうにか意見をまとめて戦わなければならない。多少の意見の食い違いがあっても、最終的には「このレースでは誰の意見を採用するか」ということになる。つまり、全員の意見が一致した〝綺麗《きれい》な道〟だけではないのだ。

俺自身は、長年トップクラスで戦ってきたこともあり、責任ある立場にいる。競輪界のトップ9人しか在籍できないS級S班にも長く在籍経験がある俺の言動や決断というのは、周囲の選手にも影響を及ぼすものだと自覚している。俺が簡単に妥協して後ろを回ってしまえばそれが前例となり、「慎太郎さんが簡単に他の選手と折り合ったら、俺たちもそうせざるを得なくなるじゃないですか」と他の追い込み選手から批判が出かねない。だから、俺が中心になって並びを決めて、戦術を考えることも当然ある。

そして、これは競輪の世界に限った話じゃないけれど、同じ意見をいうにしても、誰がいったのかによって言葉の重みが変わってしまうのはよくあることだよな？　それこそ、競輪なんかは勝負の世界だから、最終的に勝っちまえば正解みたいなところもある。苦しいトレーニングをコツコツと続けてこの年齢まで上位クラスにいるのだから、やはり簡単に妥協してはいけないし、「誰がいったか」の〝誰〟でいる必要もあるのだろう。

ただし、自分の意見は主張しつつも、俺の競輪道というカードを都合よくいい位置を回るためだけの道具にしてはいけないとも肝に銘じている。そういった部分の葛藤は常にあるよ。


とにもかくにも、競輪道というのは難しくて正解がないということを書いてきた。ただし、これだけはいえる。ラインのなかで意見が食い違ったりほころびがあったりすれば、ライバルたちはそこを見逃さないし勝敗にだって直結する。でも、ラインの仲間が同じ価値観でレースに向き合っていれば、対戦相手が嫌がる強力なラインを構築することができる。そして、お互いの仕事がしっかりできたときは、勝っても負けても納得のいくレースになる。

競輪選手はみんなそうだと思うけれど、ライン全体の力でレースを制圧し、上位を独占できたときの喜びはなにものにも代えがたいものがある。ラインとして強くなるために、みんなが同じ競輪道に向かっていければ、やっぱりそれが最高じゃねえか。

最後に、佐藤慎太郎としての競輪道を伝えておきたい。

「ただ勝てばいいわけではない」ということを前提に、「九分一分がかっこいい」という感覚でいるんだ。「一分」はあきらめずに泥臭く勝利にこだわる姿勢で、「九分」は美学だ。この美学についてては抽象的なものになるのだけど、この本全体で語られている俺の想いだと捉えてほしい。

競輪はアドベンチャー

競輪選手の年収は一般の職業に比べたら高く、プロスポーツ選手としては比較的長く現役を続けることができる。よって、「稼げる」ということを目標にして競輪選手になる人は多いのだけど、実際に選手になってしまうと、金のためだけに走っているわけではなくなるから面白い。これは、綺麗事じゃない。少なくとも、俺の場合はそうだったし、「金のためだけじゃない」といっている選手は結構いるんだよ。

S級というトップクラスへと這《は》い上がることができるのか、いつかタイトルを獲ることができるのか、競輪界で名を遺すことができるのか——。そんな思いを持って、みんな選手生活を送っているように見える。

ただ……GⅠの決勝戦なんかで、2着や3着でそれなりに満足して家に帰ったとき、ふと1着の「何千万円」なんて賞金額を思い出してしまうと、「やっぱり1着がよかったな……」という気持ちになるときもあるけどな。

それはともかくとして、さらに俺の場合は、少し特殊な感覚で競輪選手をやっている。自分の限界に挑戦し続けていたら、仕事というよりアドベンチャーという感覚になってしまったのだ。

競輪を職業としてだけ考え、「今年はあといくら稼がなければ」と思い悩んでいると、どこかのタイミングで競輪が面白くなくなっていくことは間違いない。ありがたいことに、「強くなりたい」「優勝したい」「GⅠタイトルが欲しい」「グランプリに出たい」といった目の前の目標ばかりを追いかけていたことで、仕事という感覚が薄れていき、ずっとアドベンチャーしている気分でいられている。

しかし、アドベンチャー気分でい続けるのは大変だ。ある程度のクラスまで上り詰めて、いつか思うように勝てなくなって、「俺はこのへんが限界かな……」と思った瞬間、急にアドベンチャーではなくなる気がするからだ。

ここで大事なのは、「時間は有限である」という、あたりまえ過ぎる事実だ。人生に求めるものは人それぞれだし、冒険の種類はたくさんあるだろう。でも俺は、1日をダラダラと過ごして、無駄にすることだけはなにがあってもしたくない。

せっかく競輪選手になれたのだから、自分をぶっ壊すくらいの感覚を持って、全力で挑み続けたほうがいいに決まってるよな?

48歳になったいまだって、俺は冒険の途中にいる。

冒険には苦しいこともついて回る

ただ、どんな映画や小説でもそうだけど、「冒険」っていうのは楽しいことばかりじゃない。楽しいことだけでなく、苦しいこともついて回るから冒険なのである。

振り返ると、若いときの俺はいつもワクワクしながらレースに行っていた。師匠にいわれた通りに誰よりも練習量をこなして、細部まで徹底的に準備して、「どんな結果が待っているのか」「目標を達成できるのか」と、純粋に楽しみながら競輪に向き合うことができた。

ただ、ずっと同じテンションでいられたわけじゃない。「全力でやれていなかったな」と反省している時期もある。

最初に立ちはだかった壁は、「大ギアブーム」だった。ギアというのは大きくなればなるほど、ひと漕《こ》ぎで進む距離が伸びる仕組みでできている。俺のデビュー当時は、3・57という比較的軽めのギアが主流だったのだけど、いまは、3・92くらいのギアが一般的に使われていて、むかしに比べたらかなりのギア数である。

2006年から、ギア規制がかかる2015年までの大ギア全盛時などは、4・3〜4・5みたいな信じられないギアで走る選手が続出していた。感覚を伝えるのが難しいのだけど、一般の人では、ひと漕ぎするのも大変なくらいとんでもなく重たいギアである。

その結果、パワーだけが重視されたタテ主体のレースになり、俺たちのような追い込み選手が得意とするヨコの動きはほぼ不要になっていったのだった。軽いギアであれば、レースの途中でペダルを踏んだり止めたり（バックを踏む）と緩急を使うことができるのだけど、大ギアではそんなことは不可能に近い。一度でも全力でペダルを漕ぎ出したらもう最後。ずっとトップスピードに乗った状態でレースを進めていくしかない。ただ、脚力がある自力選手は、大ギアを使いこなすと無双状態になる。スピードに乗せてしまえば、あとは脚力に任せて踏み続ければいいからだ。競走タイムはどんどん上がり、レースはスピード化が進んだ。

「なら、みんなギアを大きくすればいいじゃないか」と思うかもしれないが、大ギアを踏むには強靱《きょうじん》な体の強さやパワーが要求されるし、向き不向きもある。

それこそ、弟弟子の山崎芳仁《やまざきよしひと》（福島88期、GⅠ9冠）が大ギアブームの先駆者なのだけど、当時、俺のような追い込み選手は、テクニックよりも自力選手に離れずについていけるかが重要視され、レースは大味になった。鍛錬して習得したテクニックを十分に活かせる競輪ではなくなってしまった時期だった。これは追い込み選手の言い訳にも聞こえるかもしれないけれど、山崎のような選手が次々とタイトルを総なめにしていく姿を見ていて、少し気持ちが弱ってしまったのかもしれない。当時の俺は、後輩たちの活躍をただただ羨ましく感じていた。

あの時期は苦しいだけで、とてもじゃないけど冒険はできていなかったよな。

次は、２０１１年に起きた東日本大震災だ。東北地方の被害は甚大だったし、俺の所属する福島の選手は原発事故の影響もあって練習どころではなくなってしまった。行き場を失い、避難生活を余儀なくされた者も多かった。俺も新たに沖縄に拠点を構えて家族とともに移動して、俺自身は福島と沖縄を行ったり来たりするようになった。生活のリズムが一気に変わってしまったし、タイトル争いというものがもの凄く遠くに感じた。

「ああ、これはさすがにもうＧⅠの優勝争いはできないな……」。そんな思いが湧いてきたのは、競輪選手になって初めてのことだった。環境が変わってなかなか決勝にも乗れなくなって、そこでよく理解できたことがある。ある程度、環境が整備され、それなりに順調にものごとが進んでいて心に余裕がなければ、冒険なんてできないんだってね。

でも、やっぱりそれは言い訳に過ぎない。震災が起きてから3年、4年と経っていくうちに、「あのときもっとやれたことはあったよな。どんな状況でも言い訳せずに自分に向き合わなければダメだ」と素直に思えたからだ。ものごとが順調にいっているときは、黙っていても、結果はついてくる。でも、なんらかの理由で停滞しているときこそ、ひたすら前へと突き進むことが重要なのだ。

大ギアブームや震災といった苦しい時期を経て、それをどうにか乗り越えられたことで、アドベンチャーし続けることがさらに楽しくなったような気もしている。万全の準備をしてレースに行っても、「もうちょっとこんな練習をすればよかった」とか、「あんな練習をやっとけばよかった」と感じるものだ。そうであるなら、「もうこれ以上は無理だ」と思えるほどに、練習するしかない。

行く先の限界を決めてしまったら、冒険なんて楽しくないだろ？

競輪選手としての評価

俺たち選手は、競輪選手という個人事業主の顔を持つが、バンクで走る際は〝賭けの対象〟であり〝ギャンブルレーサー〟となる。車券を購入してくれているファンがいる限り、目指すのは勝利だけだ。だからといって、手段を選ばずというわけにはいかない。自分の仕事をしっかりしたうえで、勝つことが求められるからだ。競輪学校時代の教官や先輩選手たちからもそういったことを教えてもらったし、ファンの人たちからは〝野次〟という名の〝声援〟からたくさんのことを学ばせてもらった。

それこそ、競輪場には、俺の親父や親父の競輪仲間のおっちゃんたちみたいな人たちが、むかしから足繁く通ってくれている。そういった古くからのファンはまさに〝S級〟のような人たちばかりで、レースを見る目も肥えているから気を抜いたレースは絶対にできない。金網越しに飛んでくる声援に俺はいつだって奮い立つし、野次だって本当にありがたいと思っているよ。

そんなわけで、この項では、競輪選手の評価というものを考えてみたい。目先の勝利を追い求めるだけでなく、〝自分の役割〟を最優先にすることで、たとえそのレースで勝てなくても、いい仕事をすれば周囲は評価してくれるし、次のレースの人気にもつながっていく。それが評価というものだと考えている。

例えば、先行選手が別ラインの自力型をシャットアウトして3着までに残れば、選手本人の満足感もあるし、選手やファンからの評価も確実に上がるだろう。もちろん1着になることが理想だけど、他のラインとの力関係や自分のラインの選手構成によっては、1着よりも価値のある3着というものが存在するのが競輪だ。

同じく追い込み選手も、1着以上に価値のある2着、3着っていうのがある。逃げる選手から車間を空けて相手の仕掛けを遅らせたり、攻め込んできた相手を競りで返り討ちにしたり、後方から勢いよく捲ってきた他のラインの自力選手をブロックしたりと、そういった〝仕事〟ができたときに、場内のファンから讃えてもらえると凄く嬉しい。選手冥利に尽きる瞬間だし、しっかり見てくれている人がいることを実感するよ。

ここで重要なのは、「自分はなにをしたいのか」「どんな選手でありたいのか」ということをレースやコメントでしっかりとアピールし、さらに実際のレースでは、「いまは技量を身につけていくときなのか」「ラインに貢献したいのか」「1着が欲しいのか」「優勝したいのか」という明確なテーマを持つことだと思う。

もちろん、選手自身の成長具合や調子も関係するし、実績や格も関係してくる。だから、時期や立場によってもレースへの向き合い方は変わってくるものだ。むかしは本当にファンもそのあたりを理解してくれていて、選手とファン、そして競輪関係者たちみんなで価値観を共有できた。競輪の奥深さ、面白さという点についても相互理解があったように思っている。ただ最近は、いわゆる「勝利至上主義」というのかな？　勝った選手にすべてのフォーカスが向いているような気がするんだ。そこはちょっと気になるよな。

とはいえ、いまは令和であって昭和ではない。時代は大きく変わった。最近の競輪場では、夫婦で観戦していたり、若いカップルがデートしたりする姿を目にするようになった。それこそ、若いギャルが声援を送ってくれることもある。

俺もSNSを積極的にやるようになってからは、ファンの人たちとのネット上での交流が増えた。新しく競輪を知ってくれたであろうファンの存在を感じられて、それはそれで嬉しい。若い人の活気を感じることで、業界の未来は明るく感じられるし、競輪選手を目指す若い子も増えてくるだろう。

ただ、そうした世の風潮というのは、競輪選手たちにも変化をもたらすものだ。若い選手たちの考え方は間違いなく変わってきた。それだけでなく、競輪競走自体も変わってくる。そうなると、俺のようなベテランは違和感を抱くこともあるってわけだ。

でも、だからといって「むかしはこうだった」「むかしはよかった」なんていっていたら、取り残されてしまう。競輪選手の評価そのものも変わってきているのだから、選手をやっている限りは、アップデートし続けていく必要があるのだろう。

SNSの発達により、ネット上では自由に意見をいえるようになった。そこにあるのは賛辞だけではないし、厳しい批判を目にすることも多い。本当に、様々な主張がある。意見は自由だから、それはそれでいい。

ただ、俺なりに少し気になっていることもある。なかには競輪自体への理解が浅くて、どの角度から見ても的外れな意見もあるからだ。それこそ、「評価」とはいえないような、誹謗《ひぼう》中傷のコメントもたくさんある。競輪界に限ったことではないけれど、あまりに酷い言葉に対して、残念な気持ちになることもあるよ。

でもさ、選手だって心を持った人間だってことは忘れてほしくない。そしてなにより、命を懸けて競走していることも理解してほしい。冗談抜きで、レース中の事故で命を落としてしまう選手もいるんだ。いくら賭けの対象とはいっても、なにをいってもいいわけではないだろ？　車券を買ってくれるファンのため、そして自分の家族のために命を懸けて走っているのだから、そこへのリスペクトだけは持っていてほしいと、選手を代表していわせてほしい。

温厚な性格で有名（?）な俺ですら、コメントを見て頭にくることもあるよ。そんなときは、電源を落としてスマートフォンをブン投げて寝るしかない。もちろん壊さないように、投げるのはソファーに向かってだけどさ。

佐藤慎太郎流のリーダーシップ

俺がS級で戦い始めた頃、北日本勢には偉大な先輩がたくさんいた。坂本勉《さかもとつとむ》さん（青森57期、ロサンゼルスオリンピックのスプリントに出場し「ロスの超特急」の異名を持った名選手。1990年KEIRINグランプリ覇者、GI2冠、2011年6月28日引退）や、伏見俊昭《ふしみとしあき》さん（福島75期、2001年、2007年KEIRINグランプリ覇者、GI5冠）、岡部芳幸《おかべよしゆき》さん（福島66期、GI1冠）、有坂直樹《ありさかなおき》さん（秋田64期、2006年KEIRINグランプリ覇者、GI1冠、2021年9月29日引退）、それから、高校の先輩の金古（将人）さんもバリバリの全盛期だった。なかでも金古さんは俺の将来のことを考えてくれて、いろいろと叱咤《しった》激励《げきれい》してくれたよ。そんな先輩ばかりだから、当時はしょっちゅう怒られていたぜ。

ただ、俺たちが生きるのは勝負の世界だ。誰だって自分が勝ちたいのだから、すべて納得のいく意見ばかりではない。いま振り返れば理解できることばかりだけど、その当時「納得いかない」と思ってしまったのは、俺が若かったこともあるし、俺自身も勝ちに飢えていたからだろう。

俺にとっては素晴らしい先輩ばかりだけど、批判を恐れずにいえば、「先輩たちがこうしてくれていたら、北日本勢はもっとタイトルが獲れたんじゃないか」と考えるようなこともあった。当時はいまの競輪界とは別世界で、〝個人の戦い〟という雰囲気が凄く強くて、ヒリヒリするような厳しさがあった。後輩選手たちがもっと伸びていくような指導環境があれば、もっともっと強い北日本の選手が出ていたようにも感じている。

とはいえ、俺自身が数少ないベテラン選手になったいま、その難しさを痛感している。俺は、正しく、厳しく後輩を叱れる先輩にはなれなかった。ビッグレースに出向けば、俺がラインの長老的な立場になったわけだけど、常にリーダーシップを取れているかというと、そこには疑問符がついて回る。もちろん、レースごとにアドバイスは送るのだけど、理想的なリーダーにはなれなかったように思っている。

なぜなら、十分な才能を持たない俺が猛者揃いのなかで戦うには、努力を続けるしかないからだ。次々に出てくる才能のある若手選手からなにかを学んだり、吸収したりしながら、競輪の変化についていくことだけでも精一杯なのである。そういった現実のなかで、「むかしはこうだった」なんて小言をいうことは、自分にとって違和感しかないんだよな。

それだけでなくて、時流に乗っていくうえでは、多数派に合わせていかないと人間関係にだって歪《ゆが》みが出るだろう？　だから、若手の意見も尊重しながら、向き合っているつもりだ。

一応、俺のスタンスを書いておくと、普段の会話は真面目な話よりふざけていることが圧倒的に多い。とはいっても、レース後に感じたことは必ず伝えるようにしている。自力選手が見ている景色と、追い込み選手である俺が番手で見ている景色は全然違うものだからね。でも、頭ごなしに叱るのではなく、「あの場面はこうしたほうがよかったんじゃねえか？」というように、本人が考える余地を残すようにしている。結局、自分の頭で考えられる選手にならない限りは、本当のトップ選手にはなれないのだから、命令したところで意味はない。

また、口に出さずとも若手選手を引っ張っていく方法はたくさんある。日頃の練習量だったり、練習やレースに対する姿勢だったりがそれに該当するだろう。これだけは謙遜せずにいえるのだけど、俺の年齢でここまで自分を追い込んで練習している選手はまずいない。だから、その日々を見てもらえれば、それで十分にメッセージは伝わると信じている。それから、レースでの仕事ぶりを見て感じ取ってもらうという方法もある。練習もレースも同様に、つまりは「背中で見せる」ということだな。

俺の話はこのあたりにして、同県の福島の選手のなかには、きちんとリーダーシップが取れて、なおかつ後輩を叱れる者もいる。例えば、新田《にった》祐大《ゆうだい》（福島90期、ロンドンオリンピックと東京2020オリンピックの日本代表選手。GⅠ9冠のグランドスラマー）や小《こ》松崎《まつざき》大地《たいち》（福島99期）なんかがそのタイプの筆頭だ。

新田に関しては、競輪を少しでもかじったことがある人なら誰もが知っているようなトップ選手だ。競輪の実績という点でも申し分ないし、オリンピックを含め、ナショナルチームで世界大会の経験も豊富だ。最近は若手の育成に力を入れているし、しっかりと後輩を指導しているように見える。人間性もしっかりしているし、あれだけ強い選手がいう言葉には重みがあるはずだ。

大地の場合は、目先の成績どうこうよりも、「しっかりと持ち味を出して走らなければならない」という考えを持っている真面目な男だ。検車場なんかにいて脇で聞いていても、そんな思いを強く感じるから逞《たくま》しい。

うるさいことをいえる先輩がいなくなってきたなかで、このふたりはそれができる選手だから、俺から見ると純粋に「いい先輩だな」って思えるよ。もちろん、叱られている若手選手は、「うるせえなあ」と煙たく感じているのかもしれないけれど、ぶっちゃけ、あだこうだといわれているうちが人間は花だ。

アドバイスを受け止めもせず、伸びない選手、勝てない選手でずっといるようでは、誰も相手にしてくれなくなるのは目に見えているよな?

「マーク屋」は時代遅れな存在か?

自力選手を追走して走る選手のことを、「追い込み選手」と説明してここまで書き進めてきたのだけど、その追い込み選手に関しては、実際には「追い込み」と「マーク屋」というふたつの呼び名が存在する。

むかしの競輪では、「強い自力選手の後ろは強いマーク屋が回るもの」と相場が決まっていた。競られることなく、誰にも邪魔されずに強い自力選手の番手を回ることができれば、それこそ「大名マーク」なんてふうにいわれたものだ。そういった構図であれば、「マーク屋」という呼称は最高の褒め言葉だし、誇り高きものだったと思う。

ところが、〝1着を取る選手だけ〟が評価されがちな現代の競輪では、「マーク屋=前を抜けない選手」というイメージが根づいている。その理由のひとつとして、いわゆる「決まり手」がある。

出走表や新聞に掲載された選手データには、決まり手という欄があるのだが、これを見ると、その選手がどんな戦法で連対（1着か2着）に絡んだかが一目瞭然だ。

逃げ切っての1着や逃げ残っての2着なら、決まり手は「逃げ」となる。捲りで1着か2着に入った場合は「捲り」だ。自力選手は、この数字を見ることで「逃げ」が多ければ仕掛けの早い選手であり、「捲り」が多ければ仕掛けが遅めの選手とおおよそ見分けがつくようになっている。

追い込み選手の決まり手は、前の自力選手を抜いたときに「追い込み」や「差し」と表現され、2着に流れ込んだ場合は「マーク」となる。つまり、マークは「前を抜けなかった」という意味でもあり、マークよりも追い込みのほうが強い決まり手であるという認識になってきたのである。

タイプ別でいえば、番手を含めた狙った位置にきっちりこだわる選手がマーク屋で、追い込みはラインの3番手や4番手、またはラインの切れ目で脚を温存してから直線勝負といった具合で、タテの脚に特化したイメージになるだろう。だから、マーク屋といわれる選手のほうが競り合いには強い印象がある。分かりやすくまとめれば、ヨコへの意識が強いのがマーク屋で、タテ脚で勝負するのが追い込みって感じかな。ベテラン選手やむかしからのファン、評論家は、マーク屋のほうがかっこいいイメージを持っていて、比較的若い選手や若いファンは、追い込みという表現を好む傾向にあるようだ。

ここ数年は、「自力選手全盛の時代」という言葉がトレンドになっている。俺のようなタイプの選手からすれば、どこか屈辱的なニュアンスを感じる言葉の響きなのだけど、もはやそれはトレンドなんかではなく、完全に確立された状態で〝いまの競輪〟が存在していることは否めない。

俺は子どもの頃から、いわゆる「マーク屋」のテクニックに魅せられてきた男だ。落車や怪我のリスクを恐れずラインのために命を張ることは、当事者になった俺自身も選手として魅せていかなくちゃいけない部分だ。目標とする自力選手がいない場合などは、別のラインへ競り込みに行って、そのラインの目標をぶん取る場面だって出てくる。

俺がS級に上がったばかりの頃の北日本には、坂本（勉）さんや、伏見（俊昭）さんといった名選手が自力で頑張っていた。年下の俺が番手を回る以上は、それはもう必死に仕事したもんだよ。別のラインに捲られるくらいなら、失格覚悟で止めにいかなければならなかったし、いつだって覚悟を決めていた。

しかし、猛烈にスピード化が進んだ現代の競輪では、ヨコができなくても追い込みは務まるようになってしまった側面もある。ヨコへの意識よりも、ダッシュのいい自力型の踏み出しについていくことが重要になったからだ。ヨコの動きへのこだわりが強かった俺自身も、「そこまでヨコにこだわる必要はないんじゃないか?」と思うようになったほどだ。

つまり、マーク屋は時代遅れになってしまったのかもしれない。

時代とともに刻々と変わっていくレーススタイルのなかで、ヨコの技術や、睨《にら》み合い、駆け引きの必要性は弱くなった。でも、そこで意地を張っていても仕方ない。その時代の流れを受け入れないと前には進めないし、一定のルールや条件のなかで結果を求めていくのが、真のプロフェッショナルなのだと心に刻みながら踏ん張っている。

俺も長年にわたり追い込み(マーク屋)をやっている以上、たくさんのレースでライバルたちと顔を合わせる機会があった。

同い年ということで数え切れないほど同じ番組で戦った小野(俊之)なんかは、競りの強さで抜きん出ていた選手で、一時代をつくった男でもある。思い出すのは、2004年に行われた小野の地元の別府記念で、俺に目標の自力選手がいなくて小野のところに競りにいったことがあった。すると次は、2005年に行われた俺の地元のいわき平記念で小野が競りにきたわけだ。しかも俺は、そのレースで3番手を回っていたのだけど、番手じゃなくてあえて3番手に来たからまったくもって驚いたぜ。小野は、勝つために番手を奪いにいくのではなく、あくまで俺のヨコで勝負するつもりだったんだよな。マーク屋の意地というか、完全に〝報復〟だよ。いま思えば、かなり熱い時期だった。

他にも、渡邉晴智《わたなべはるとも》さん（静岡73期、GI2冠）とか、小橋正義《こばしまさよし》さん（新潟〈旧・岡山〉59期、1996年KEIRINグランプリ覇者、GI8冠、2017年1月12日引退）は競りが強い選手だった。なかでも、競った相手で一番印象に残っているのは、濱口高彰《はまぐちたかあき》さん（岐阜59期、GI2冠、2021年1月13日引退）だな。濱口さんは俺が競り込んだにもかかわらず、「慎太郎、あそこはもっとこうしたほうが競られる側はきついと思うよ」なんてアドバイスをくれたものだ。「ああ、濱口さんは人間としてデカいぜ」と感じたよね。普通なら、生意気に競り込んできた小僧には捨て台詞のひとつも吐きたいところだろうし、実際にそういう選手もいっぱいいた時代だから、余計に濱口さんの偉大さを感じた。

いまはマーク屋が意地をぶつけ合うレースが少なくなったし、「本当に競輪が変わっちゃったな」と思うこともよくある。ただ、綺麗事ばかりをいっている場合でもない。バカ正直に自分のなかの美学だけを貫いていては、成績はどんどん下がっていくだろう。弱肉強食の世界で生き残っていくためには、少しだけ自分の信念を曲げてでも、時流に乗っていかないといけないと思っている。そうしたらそうしたで、今度は周囲から「筋が通ってない」なんていわれるのが競輪だ……。

いまのマーク屋は、気苦労の多い仕事だよ。

時代ごとに変化する勢力図

その時代、その時代で、競輪界の勢力図は変わっていく。例えば、「ここ数年は関東がまとまっているな」とか、「現状の感じだと近畿の誰かが優勝する可能性が高いな」とか、地区全体のムードというのは、GI戦線にも大きな影響を与えるものだ。

山田裕仁《やまだゆうじ》さん（岐阜61期、「中部地区の帝王」。1997年・2002年・2003年KEIRINグランプリ覇者、GⅠ6冠、2014年5月26日引退）や、山口幸二《やまぐちこうじ》さん（岐阜62期、1998年・2011年KEIRINグランプリ覇者、GⅠ1冠で山口拳矢《やまぐちけんや》〈岐阜117期〉の父、2012年12月25引退）の全盛期なんかは、小嶋敬二《こじまけいじ》さん（石川74期、GⅠ4冠）という強い自力がいたこともあって、「中部王国」と呼ばれていた。

「近畿のカリスマ」といわれた村上義弘《むらかみよしひろ》さん（京都73期、2012年・2016年KEIRINグランプリ覇者、GⅠ6冠、2022年10月11日引退）がリーダーシップを発揮していた近畿は、一枚岩になっていて切り崩しにくいラインだった。そういった地区の強い選手たちが順番に優勝していくのを見ている側としては、正直なところ羨ましさを感じたこともあったよ。もちろんそれは、中部や近畿だけでなく、他の地区に関しても同様だ。求心力のある選手が中心になり引っ張って、「このレースはこの選手を勝たせたい」という明確な意思疎通があるラインは強い。

この数年は、脇本雄太《わきもとゆうた》（福井94期、リオデジャネイロオリンピックと東京2020オリンピックの日本代表選手。2022年KEIRINグランプリ覇者、GⅠ8冠）と古性優作《こしょうゆうさく》（大阪100期、20

21年、2024年KEIRINグランプリ覇者、GⅠ8冠）の二枚看板がいる近畿が、このふたりの個の力でGⅠ戦線のトップに君臨している。最近は、自力型が充実している中四国や、南関東の勢いも凄い。こういう地区で常にGⅠレースに出続けていれば、勝ち上がるチャンスが大きくなるものだ。

強い自力選手の駒が揃っているということは、若手同士にいいライバル関係が生まれる。深谷知広《ふかやともひろ》（静岡96期、GⅠ2冠）という最高の手本になる自力選手が愛知から静岡に移籍してきて、同じ南関東の郡司浩平《ぐんじこうへい》（神奈川99期、GⅠ3冠）に勝つチャンスが一気に増えた。

そのふたりに追いつきたいと、今度は松井宏佑《まついこうゆう》（神奈川113期）や、北井佑季《きたいゆうき》（神奈川119期、GⅠ1冠）が切磋琢磨《せっさたくま》しながら急成長を遂げている。全員が勝てる力を備えてくれば、ビッグレースで常に強力なラインが組めるのは当然だし、それぞれがしっかりと役割を果たすことでラインのなかから勝者を出す確率はぐんと高まる。

俺も属する北日本はどうかといえば、以前からどこか家族的な雰囲気がある地区だ。よくいえばアットホームで自由な感じなのだが、悪くいうと「それぞれの意見を尊重し過ぎる」ような雰囲気もある。そこにはいい面と悪い面があるわけだけど、これはもう東北人の気質のようなものとしかいえない。

むかしから北日本は強い自力選手が多くて、先輩では、坂本（勉）さんや伏見（俊昭）さん、岡部（芳幸）さんといった自力選手がビッグレースの常連で、後輩では山崎（芳仁）や佐《さ》藤《とう》友《とも》和《かず》（岩手88期、GⅠ2冠）らが競輪界を席巻していた時期があった。その後にも、渡《わた》邉《なべ》一成《かずなり》（福島88期、ロンドンオリンピックとリオデジャネイロオリンピックの日本代表選手、GⅠ3冠）や新田（祐大）といったスピードスターが出てきた。

山崎と友和に関しては、「もっともっと優勝できたのになあ」という悔しい思いは当時からあったし、それこそ、いまの脇本と古性のようなゴールデンコンビになっていた可能性も十分にあった。だけど、どこか〝素直で綺麗なレース〟をしていた。これもまた、東北人の性格のよさが出ていたのかもしれないよな。

そのようにして、時代ごとにメインを張る選手が変わっていくなか、北日本にはいつだって変わらない強みもある。それは、「北日本はひとつ」という認識をみんなが持っている点だ。例えば福島の選手が並ぶなか、力量によっては他県の選手を挟んだり、並び的に4番手や5番手になることがあっても、「ラインでまとまるなら後ろを固める」という意識があたりまえにあったりする。それを違和感なくやれているのだから、ポジティブに考えれば、ラインを強くするための柔軟性に長けているのだろう。

いまでも北日本は自力型の有望株が多い。それなのに、GIにいるメンバーの平均年齢がだいぶ上がってきたという懸念もあるんだ。まだまだ若いと思っていた高橋晋也《たかはししんや》（福島115期）だって、もう30歳だろ？　そんなこともあって、ナショナルチームのメンバーとして2024年のパリオリンピックで頑張った、中野慎詞《なかのしんじ》（岩手121期）や小原佑太《おばらゆうた》（青森115期）には、ぜひ頑張ってもらいたい。

俺のようなベテラン選手にとっても刺激になるのだから、若い選手たちにはどんどん這い上がってきてほしいと思っている。そして、北日本の黄金時代をつくってほしい。

俺の処世術

俺が若い頃は、物理的なものだけでなく、他地区の選手たちとは心理的な部分でも距離があったし、連係する機会も滅多になかった。意地と意地のぶつかり合いがあったから、お互いに競輪選手としてリスペクトする部分こそあるものの、やはりライバルという見方が強かったのである。

それこそ、遠征に行くときなんかは、なるべく同県の選手同士でまとまって移動するのが慣例だったし、競輪場の宿舎に入ってからも、基本的に飯や風呂は同県や同地区の選手たちと一緒に行動した。

他地区の選手とのギスギスした感じが薄れてきたのは、俺の少し下の世代からだったと思う。強い選手の寄せ集めになるナショナルチームの存在も大きかった。交流を持った強い選手同士が、トレーニング方法などの情報を交換したり、競輪学校（現・競輪選手養成所）で一緒に合宿を張ったりすることが増えたのだ。仲のいい同期生でつるんで練習する若い子たちも増え、他地区との交流にアレルギーがなくなっていった。

雪が多い北日本の選手は、むかしから関東地区へ冬季移動して練習することが多い。雪の多い時期に外で練習できないのは脚力の低下になるため、雪のない地区に行って普段と変わらない練習をするためだ。例えば、秋田の選手が冬場に取手競輪場《とりでけいりんじょう》で練習する、青森や北海道の選手が小田原競輪場《おだわらけいりんじょう》や平塚競輪場《ひらつかけいりんじょう》なんかで練習するようなケースだ。そこでは練習パートナーとして人間的な距離も多少は縮まるのだけど、実際のレースになればライバルであり、別線で戦うのがあたりまえだったわけだ。

　そのことにも少し関係するのだけど、かつて北日本には自力選手は豊富だったと書いたが、一方、上位で戦う選手に追い込み選手が少ない時期が長く続いていた。だからよく、南関東あたりの追い込み選手が北日本の自力選手の番手を回って、優勝をかっさらっていくような場面があった。あれは見ていてかなり歯がゆかった。

　でも、俺がＧＩにコンスタントに出るようになり、２００５年頃に有坂（直樹）さんが30代半ばで追い込み選手として遅咲きのブレイクをして、成田《なりた》和也《かずや》（福島88期、ＧＩ3冠）も出てくるなど、北日本のラインは一気に層が厚くなっていったという経緯がある。そういった流れができて北日本だけでしっかりとしたラインが組めるようになり、結束力も強まった。

　話を戻すが、ラインを組むベースとなるのは、あくまでも地区が優先となる。しかし、ＧⅢ以上のグレードレースにもなると、他地区の選手とラインを組むことを前提に番組が組まれることも増えているように感じている。特に俺の場合、グランプリを勝った２０１

9年以降に関しては、他地区のトップ選手の番手を回らせてもらう機会が格段に増えている。

このことに関しては、「慎太郎は番組に恵まれているから高い点数をキープできるんだろう」といったように、否定的な意見をもらうこともある。他地区の強い選手と連係することを快く思わない選手やファンもなかにはいて、俺自身が腹黒いイメージを持たれてしまうのはちょっと悲しいぜ。

ただ、俺自身が番組を組んでいるわけではないし、与えられた位置で追い込み選手としてベストを尽くすしかないと思っている。どの位置を回ろうが、なにをいわれようが、一点の曇りもない。だってそうだろ？　脇本（雄太）や深谷（知広）といった競輪界を代表する自力選手と連係することになったとして、そのスピードについていける選手、後ろで仕事ができる選手というのは限られているわけだし、実際に結果を出すことは簡単じゃないんだ。

俺は、そういった番組が組まれても車券に貢献できるよう努力、そして準備をしているつもりだ。なおかつ、結果も出せているから、好位置を与えられる機会が巡ってくるのだと考えている。

それだけでなく、過去にどのようなレースをしてきたかも大切で、選手間ではとても重要視される部分でもある。例えば、どんなにイキり顔で怖い雰囲気を醸し出していても、レースがしょぼかったら誰もリスペクトしてくれないよな？　実績と強さがあってこそ、いい番組に恵まれるというわけだ。

俺自身は、「誰に対しても壁がない」といわれることが多い、オープンな人間だ。だから、他地区の選手とのコミュニケーションについても、そこまで難しく考えていない。あたりまえの話だけど、誰かが凄くいいレースをしたら感動するよな？　そんな場面に出くわしたら、他地区の選手だからといって話さないのではなく、ストレートに「いい競走だったな！」「強かったな！」「すげえな！」と伝えるようにしている。

そういうことの繰り返しによって、いきなり他地区の選手と連係してもコミュニケーション不足になることはなく、同地区の選手と走るときと同じスタンスで走ることができる。一度も話したことがない選手が連係するのは、自力選手も追い込み選手も不安だと思う。いくら普段のレースを見ているとはいえ、少しでも言葉を交わしている選手と連係するほうが作戦だって立てやすいし、走りやすい。だからこそ、不安を取り除く意味でもちょっとした会話をしておくことは、競輪選手として生きていくために必要なことだと考えている。つまり、日常におけるコミュニケーションは、俺なりの処世術ってところだな。

そういった観点でいくと、俺は他地区の強い選手にいろいろ質問して回ることも多いほうだと自覚している。好奇心から質問したくなるんだ。

「強い選手がどういった自転車の部品を使っているのか」「どのようなトレーニングをしているのか」は気になって仕方ない。検車場では強い選手が目の前にいるのだから、聞かない手はないよな？　そのようにして、分け隔てなく誰とでも話ができるのは俺の強みなのだろう。

こんな性格に育ててくれた両親には感謝だよ、まったく。

他地区の選手と連係する心構え

「ラインを組む自力選手と追い込み選手は、命懸けで走るバディ（相棒）」

俺はいつもそう思いながら、レースに臨んでいる。だから、そこには絶対的な信頼関係が必要だ。北日本で組むラインはいうに及ばず、他地区の選手と連係する場合でもその思いは変わらない。

後ろの選手を信頼できなければ、自力選手は間違いなく仕掛けを躊躇してしまう。だって、守ってもらえないのだから、逃げるのは嫌だよな。追い込み選手も前の自力選手を信頼していなければ、レース中に切り替えが早くなることもあるし、かばっていたら自分も着外に沈んでしまうと判断して早めに前に踏んでしまうこともある。


いつも連係している北日本の選手同士であれば、既に信頼関係がある。さらには、互いの性格や脚力を理解しているから、変に力まずにレースに入っていくことができる。しかし、即席で他地区の選手と連係する場合は、「一緒に頑張りたい」という気持ちがいつも以上に高まるから不思議だ。これは、北日本の選手とラインを組む際に手抜きしているという意味ではなく、過去に連係がほとんどないのに先行意欲を示してくれる自力選手の思いを受け止めるということだ。そんなときは、俺はいつも以上に追い込みの仕事を頑張りたいし、実際にそうする必要性を感じている。

自力選手にも同じような思いがあるようだ。例えば、普段は捲りの決まり手が多い自力選手が、他地区の選手が後ろについた際、つい先行してしまうことがある。

おそらくそれは、本来なら単騎になってもおかしくない場面で、ラインができたことにアドバンテージを感じているからだろう。だからこそ、自分の後ろを選んでくれた追い込み選手に少なからず感謝の気持ちが芽生え、実際の走りにも影響するのだと見ている。他地区であっても力のある選手同士が信頼し合ってレースに臨むことができれば、いつも以上の凄いパワーを生み出すことができる。すると、即席ラインなのに、2倍、3倍のインパクトのあるレースが実現できる。

実際に後ろを回っていて思うのは、超一流と呼ばれる選手たちは、後ろが他地区の選手であっても全力で仕掛けてくれることが多いということだ。俺自身の経験だと、特に深谷（知広）の先行意欲は凄まじいものがある。もちろん、俺との連係に限った話ではないのだけど、レースに向かうにあたっての姿勢やレースが終わってからの態度も素晴らしい選手だ。それこそワンツーが決まったり、一緒に勝ち上がれたりしたときの表情なんかを見ていると、「ああ、他地区の選手であっても、しっかりとラインを意識して走ってくれているんだな。すげえ男だぜ」と心から感じることができる。あまり他地区の選手を褒めると、（小松崎）大地に怒られるから、このへんにしておくよ。

同地区の選手同士で組むラインはもちろん大切だけど、他地区の選手とラインを組んだときにどう走るのかは、勝ち上がりを考えた場合においても重要なポイントになるだろう。だからこそ、俺自身が手を抜くなんてあり得ない話だし、気持ちを最大限に入れて集中して走る必要があるのだ。

競輪にある暗黙のルール

競輪選手は、誰だって目の前にある勝利を目指して走っている。でも、その勝利という言葉を言い換えるなら、「ラインで決める。ラインから勝者を出す」という意味合いになるだろう。

だが、例えば絶好調時の脇本（雄太）のように、どうやっても自分たちだけで太刀打ちできない強敵とやり合うこともある。そんなときは、脇本のライン以外のすべてのラインが、「脇本を倒す！」という共通認識で走らないと、そのラインを倒すのはかなり難しい。

麻雀《マージャン》でたとえると分かりやすいかな。麻雀もまた4人すべてがトップを目指して勝負しているけれど、勢いのついてしまったトップ目がいると、その人間を止めるために、残りの3人が利害や役割を感じ取って自然と連係するときがある。トップにいる人間が鳴きたい牌《パイ》を捨てなかったり、わざと鳴いてツモ番を飛ばしたりするだろ？　そうすることでどうにか混戦に持ち込み、みんなにチャンスが生まれる展開をつくるということだ。

競輪においても、脇本以外のふたつないし3つのラインの自力選手の誰かが逃げたら、他のラインの自力選手が脇本にフタをして後方に下げさせるというように連動することがある。これは、決して談合しているわけではない。競輪にある、〝暗黙のルール〟というものだろう。

「勝負どころで脇本を後方に置くにはどうしたらいいか」とそれぞれのラインが考えた結果、自然とそういった動きになるということだ。いくら脇本のような強力な先行選手であっても、敵が多くなれば確実に分は悪くなる。強い選手やラインを簡単に勝たせてはいけないのだから、そんなときは束になって強いものに向かっていく必要があるのだ。

でも、それがいつもうまくいくとは限らないから競輪は難しい。なかには、抜け駆けする選手が出てくるからだ。例えば、前団にいたラインが突っ張り気味に自分たちのペースに持っていき、後方にいる脇本の動きをギリギリまで引きつけているのに、中団にいた別のラインが前団のラインの上を叩いてしまうといったことも起こる。こうなると、全体の隊列が短くなってしまい、脇本に「どうぞ、まとめて捲ってください」という展開になってしまう。つまり、中団のラインは脇本をやっつけようというよりは、たとえ脇本にさらに上を行かれても、「2着か3着は拾えるのではないか」という作戦を選択してしまったということだ。

他にも、脇本以外のラインが脚を削り合ったらダメなのは分かっているはずなのに、血気盛んな若手同士が先行にこだわってしまうと、結局は潰し合ってしまい、脇本に対して楽な展開をつくってしまうようなこともある。もちろん、その自力選手が先行にプライドを持っていて、「主導権は誰にも譲らない」という信念があるのなら仕方ない。でも、シンプルに空気が読めていない場合もある。

それだけでなく、脇本の脚力への恐怖心から、他のラインが意識を向け過ぎてしまい、結果的にみんなが脚力を消耗して、脇本に有利な展開をつくってしまうこともある。でもそれは、脇本にとってラッキーなんかではなく、それもまた彼の実力なんだ。

でも、レースが生き物である以上、そういったことは日常茶飯事だ。そうであるなら、一緒のラインの自力選手はもちろんのこと、他のラインの自力選手がどういった考えで動くのかを詳細に分析しておく必要があるだろう。結局は、ラインが違う敵同士なのだし、むしろ暗黙のルールが通じない場合のほうが多いと思って対処するしかないのだ。それでも、パッと気持ちが通じ合い、うまく連動して脇本のような強敵を倒せたときは、「暗黙のルールを分かっているな」という気分になる。

とはいえ、自分のラインや他のラインの意識が通じ合い、完璧に潰すための走りをしても、脇本が力でねじ伏せてしまうことだって珍しくない。脇本という選手は、それはもう凄い脚力の持ち主だし、どうやってもかなわないこともあるのだ。

ここでは競輪にある暗黙のルールの一例を書いたのだけど、そういったものは他にもたくさん存在する。

そのあたりについては、車券を買ってくれているファンとの共通理解もあるだろう。逃げると思った選手が逃げなかったらファンは怒るし、俺が仕事をせずに別のラインを行かせてしまえば強烈な野次が飛んでくる。

つまり、この競輪にある暗黙のルールをひとことでいえば、「やるべきことをやらずに負けてはいけない」ということなのかもしれない。当然、やるべきことをやって勝つのが理想だけど、仮に勝てなかったとしても、見せるべきところは見せる必要があるのだと理解している。

そして俺が思うのは、その一連の〝価値観〟を選手とファンとが共有できたとき、競輪はもっともっと面白くなっていくんじゃないかな。

走りの美学にある理想と現実

いまの北日本には、新山響平《しんざんきょうへい》（青森107期、GⅠ1冠）というエースと呼べる自力選手がいる。とにかく先行にこだわり、その武器一本でどんな相手にも立ち向かっていく根性が座った選手だ。しかも、基本姿勢はスタートから一番前でレースを支配して、最後まで誰も前に出さないという、いわゆる「突っ張り先行」で逃げ切るレーススタイルで戦っている。

捲りができないとか、カマシ先行が苦手というわけではない。もしかしたら、捲りを武器にしたほうが1着の回数だって増える可能性はあるだろう。

それでも、自分のスタイルをとことん貫くところは、俺から見ても本当にかっこいいと思うし、後ろを回っていて度肝を抜かれることもしょっちゅうある。あんなにイケメンであんなに強くて、響平はどこまでの存在になっちまうんだろうな。

確かに、戦うバリエーションを増やしたほうが勝つチャンスが大きいという意見もある。だって、響平の場合は、突っ張り先行を毎回のようにするので、相手に100パーセント手の内を見せた状態で走っているわけだからさ。それでもいまの段階では、「これがもっとも勝利に近い」と自己分析してやっているのだろうし、魅せて勝ちたいのかもしれない。響平があの走りを続けるのは、あいつにとっての美学であり、アドベンチャーであるわけだ。

俺はというと、どのレースも最後まであきらめずにしっかり走り切ることを大事にしている。たとえ展開が向かずに残り半周くらいで最後方にいようが、途中であきらめることなくしっかり最後まで踏み切らなければ後悔が残るからだ。追い込み選手としての佐藤慎太郎は、前の自力選手が逃げてくれたときにはしっかり仕事をしたいし、決まるか決まらないかは別として、捲ってきた別ラインの自力選手を止めにいく姿だけは絶対に見せたい。

それをしっかりこなしたうえでの1着が理想だ。

「慎太郎さんなら仕事をしてくれるから安心して風を切って先行できます」

「慎太郎さんは2着までにきっちり残してくれるから信頼して先行します」

こんなふうに自力選手に思ってもらえたら、信頼関係のあるラインだといっていい。


仕事をしたことで自分の脚が削られてしまって最後の直線で抜けなくても、それはもう仕方ない。「追走するのにいっぱいいっぱいで大した仕事ができなかったのに、前の自力選手のことは抜けちゃった……」みたいなレースもあるのだけど、そんな走りでは誰も認めてくれないし、かっこ悪いよな。

でも、理想があってもできないことも多くなった。自力選手の力とスピードが上がる一方だから、前と車間を空けて後続のラインを牽制することも難しい。後ろから来る選手をヨコに振りたいけれど、スピード差があり過ぎて振れないのである。いまはタテ脚があってこそのヨコの技術だから、俺の脚力が自力選手に追いついていないと仕事ができないんだ。だから、年齢に抗ってもっと自分の力を高める必要がある。俺ももうすぐ50歳だから、最近はいつもそんなことを思っているよ。

そのことに関係するのだけど、グレードレースで勝ち上がっていく過程では、どんどん追い込み選手が脱落していく。決勝なんかになると、追い込み選手がほぼ皆無なんてことも珍しくない時代だ。それこそ、一応は追い込みを名乗ってはいるけれど、実際はタテ脚を備えていて、自力選手みたいな選手も多いのが実情だ。やっぱり競輪の形態そのものが変わってきているということだよな。日々変化しているし、1レース、1レースごとに進化するのがいまの競輪だ。答えもなく、終わりもない。ずっと手探りの状態で、アップデートし続けていかないと、俺のようなタイプの選手は、あっという間に置いていかれることになる。

競輪のスピード化が止まらないいいま、追い込み選手の価値は著しく低下してきた。簡単にブロックできるようなスピード域じゃないし、レースのなかで追い込み選手が仕事をできる環境そのものが減ってしまったのだ。だから、自力選手にもファンにも追い込みのよさ、凄さが伝わりにくいのだろう。まさかそんなことはないだろうが……もしかしたら、俺だけが追い込みに価値があると信じているのかもしれない。そう思ってしまうほど、いまの競輪のスピード化は凄まじいものがある。

400メートルバンクを例にすれば、以前なら残り1周半から緩急を使った駆け引きが始まったけれど、いまは先頭誘導員のペースさえも上がり、誘導退避の時期も変更になった（かつては残り2周半以降にレースの流れに応じて退避していたが、現在は333メートルバンクが2周半、400メートルバンクは2周、500メートルバンクは1周半で退避と決められた）。ギアも大きくなったし、ある程度スピードに乗ったところから勝負が始まるので、残り2周を全開でもがくようなレース形態になった。前でブン回されてしまうとつきバテするし、ブロックしなくちゃいけないときには脚が売り切れてしまっていることが多い。

むかしはレースが終わると、自力選手が息を切らしてヒーヒーいっていて、追い込み選手はたいして息も上がらず、クールダウンすらしない選手もいたほどだった。でもいまは立場が完全に逆転してしまった。本当に大変な時代になったもんだよ。

かといって、「もう、競輪が変わったのだから仕方ない」とはあきらめたくない。同世代でも、俺より下の世代でも、あきらめて落ちていってしまった選手は何人も見てきた。俺だってそうなりかけた時期はあったから、気持ちはよく理解できるよ。

俺が追い込みになりたての頃は、毎日のようにヨコの動きの練習をしたものだ。でもいまは、タテ脚のトレーニングしかしなくていいような状況になっている。自分の脚力が、もうこれ以上は上積みが望めないと思ってしまえば、そこで終わりになってしまう。そんな選手もたくさんいるはずだ。

自分が走っている地位でどれだけ順応し、自分の存在価値を見出すことができるのか？　それにはなにをすべきなのか？　とにもかくにも、それを追求していくしかない。ひとりの競輪選手としての走りの美学はありつつも、理想と現実を見誤ってしまっては、この舞台から引きずり降ろされるのがオチだろう。

だから、俺は死んでしまうくらいのトレーニングを繰り返し、追い込み選手としての存在意義を競輪界に示していく。その点だけは強烈なプライドがあるし、まだ俺はそこに向き合えると信じている。

運も限界も自分でつくるもの

勝負事というのは、運だけでは決して勝つことができないものだ。しかし、一流選手が完璧に調整をして誰もが「勝ちたい」と強く願っているような大舞台で勝つには、運の力も必要になってくる。そして、その運というのは神頼みではなく、ある程度は自分でコントロールできるものだと思っている。自分のやるべきことをやり、それを日々地道に積み重ねていくことで、いい方向に引き寄せられるからだ（そのことを運、ラッキーという人もいるが）。

大舞台で連係する自力選手や対戦相手は、俺のことをずっと見てきている。そして、結果を出すために、猛烈なトレーニングをしていることも知っている。過去のレースや発言だって、頭のなかにあるだろう。

「……慎太郎は侮れない」

そういったことを意識してくれればくれるほど、俺にとっては都合のいい方向に動いていき、自分が勝ちやすいゾーンに入ることができる。

最近、そんな流れでGIを獲った選手がいた。2024年のGI・日本選手権競輪で、平原康多《ひらはらこうた》（埼玉87期、関東のプリンス。GI9冠）が優勝した。前年は怪我に苦しみ抜き、S級S班からも陥落していて決して下馬評は高くなかった。それでも、後ろが平原だからと、その前を回った吉田《よしだ》拓矢《たくや》（茨城107期、GI1冠）は躊躇なく先行したし、別のラインも「吉田とは叩き合いたくない」という考えのもとで動いた。平原が積み重ねてきたものが引き寄せた勝利であって、決して運だけのものではない。

俺の場合であれば、相手が嫌がる番手としての仕事をやり続けていくことが重要だ。そのことにさえ集中していれば、対戦相手が勝手に俺に対して意識を向けるようになる。対戦相手の頭のなかにたくさん考えることが増えていくほど、運が巡ってきて、レースでは俺にとっての〝ラッキー〟が起こりやすくなる。

ただ、もちろん、運だけでは勝てない。運を引き寄せるためには、過酷な練習が欠かせない。3年前くらいから、俺が多用しているフレーズがある。

「限界？　気のせいだよ！」

言い続けていたら、競輪ファンのあいだでも知られる言葉になった。

その言葉が生まれたきっかけがあった。実は数年前、「俺はそろそろ選手としては終わりかもしれない」と感じていた時期があった。限界まで練習していたつもりだったし、「もう、これ以上は追い込めない……」とも思っていた。それでもイメージ通りに勝てなかった。そんなとき、2021年に沖縄で行われたナショナルチームの合宿に参加させてもらう機会に恵まれた。

彼らと一緒に練習をして、こう思ったよ。

「俺の決めた限界は、まったく限界なんかじゃなかった」

「限界？　そんなものは気のせいだったんじゃないか」

競輪選手は、レースが終わった翌日というのは、疲れも出るため、完全オフにしてゆっくり休むことも珍しくない。でも、ナショナルチームのテクニカルディレクターであるブノワ・ベトゥが、俺に向かってこういったんだ。

「1日に1レースしか走っていないのに疲れるわけがないだろ？　例えば、競輪の開催が4日だとして、1日1レースが4日も続いたら、毎日が休みみたいなものじゃないか。だから、レースの翌日に練習するのはあたりまえだ」

疲れているから休もうとするのは自分への甘えであって、限界を自分で決めてしまっていたのだと思い知らされるような言葉だった。だから、「限界なんて、しょせん気のせいだったんじゃないか？」って、俺なりに、そう考えたわけだ。

ナショナルチームの練習は、質も量もそりゃもう凄まじかったぜ。インターバルが短いのに、間髪をいれずに次の練習が行われる。そういった雰囲気のなかにいると、自分の限界を超えた力が発揮され、普段やっていないような練習ができてしまうものなんだ。そのとき俺は、確か44歳くらいだったのだけど、「まだまだ限界は超えられる」ということがよく理解できた。この経験は、その後の自分にとって大きな財産となった。「まだ俺は強くなれるし、上位にいることができる」「日々を全力で過ごして、悔いのないようにしたい」とあらためて思えたんだ。

そこでふと、思い出したことがあった。新型コロナウイルスが猛威を振るう前は、「国際競輪」と銘打って、外国の自転車競技の有名選手が短期登録選手制度を使って日本選手とレースをしていた時期があった。俺はそこに参加していた、テオ・ボス(現・中国ナショナルチームヘッドコーチ)や、デニス・ドミトリエフ、シェーン・パーキンスといった有力選手と親交があったのだけど、彼らは、どれだけ日本の競輪選手が恵まれているかをよく力説していた。

競輪というプロスポーツがあるのは日本と韓国だけで、ヨーロッパの選手たちは、実力があっても披露する場がなくなってしまい、あっさり引退していくのが常だった。

競輪があるここ日本で選手として賞金を稼げる自分はどれだけ恵まれているのか。せっかくこんなにいい環境があって、こんなに賞金も稼げて、仕事にできる環境があるのに、いい加減に過ごしたら彼らに申し訳が立たないではないか――。いまもこれからも、限界を超えていかなかったら本当にもったいない。

自分がきついとき、「練習したくない」と感じる際は、「体VS脳」の戦いになる。ただ、そこで強い意思があれば、体は案外コントロールできるものだ。「やりたくない」と思ってやれば体の動きは悪くなるが、モチベーションが高く、やる気に満ち溢れていると体が軽く感じるから不思議だ。だから俺は、体が疲れているときにこそ、脳も一緒に疲れてしまわないように気をつけている。

そして、極限まで体を痛めつけて、不安や焦りといったネガティブ精神をすべてなぎ倒して前だけを向いて進んでいきたい。

才能のない俺には、トレーニングしか道はないのだから。

以前、妻からキングカズ（三《み》浦《うら》知良《かずよし》）の『やめないよ』（新潮新書）って本をプレゼントしてもらったことがある。知らないうちにやめたいオーラが俺から出ていたのかな？「競輪しているあなたが一番かっこいい」という無言のエールに感じた。

カズはその本でこんなことを語っていたよ。

「またサッカーかと思うんじゃなくて、またサッカーができることが嬉しいよね」って。

俺は誰かに強制されているわけでもなく、自分がやりたくて競輪選手をやっている。そして、競輪が好きで競輪選手になった。だから、またレースを走れることが嬉しくて、練習して強くなれることが楽しい。いつだって、そう思っていたい。

「限界？　気のせいだよ！」

この言葉は、自分を鼓舞することもできるし、自己暗示をかけられる魔法の言葉としてこれからも使っていくつもりだ。

3 頂だけを目指して

苦労したS級への昇格

第2章で、「競輪はアドベンチャーだ」と書いたが、俺が探し続けている〝お宝〟は、デビューからいままでずっと変わらない。それは、GIタイトルだ。

俺には、元旦に行う決まった習慣がある。年が明けたその日に、1年の目標を練習日誌の裏表紙に書くというものだ。それこそ若い頃は、「完全燃焼」なんて抽象的な言葉を書いたこともあったのだけど、ほとんどは「GI優勝」と書いてきた。ありがたいことに、GIの決勝には何度も何度も乗ることができた。それなのに、優勝できたのは2003年に高知《こうち》競輪場《けいりんじょう》で行われた読売新聞社杯全日本選抜競輪の一度だけなのである。すぐ目の前にタイトルはぶら下がっているのに、そこで勝ち切るのは本当に難しい。

この第3章では、競輪界のトップ――つまり「頂」へと到達するまでの道筋を書いていこうと思う。

ときは遡って、1996年、俺は添田師匠の弟子としてはいの一番にデビューした。デビューすると、バイクや車を先導に使ったダッシュ系のトレーニング、そして、実戦を想定したヨコの動きの練習が主になった。師匠は、「これをやっておけば間違いない」ということを理論的に説明してくれ、俺も納得して練習できた。なんといっても、師匠は俺をやる気にさせる名人だから、俺はまんまと暗示にかかり、それこそ師匠の信者のように無我夢中で練習した。そう書くと、ちょっと危ない奴だよな。

それはともかく、添田一門は家族同然の関係だった。住み込みではないにせよ、昼食はほとんど師匠の奥さんが用意してくれたから、俺たちは「おかみさん」と呼んでいたよな。いま思い出しても、おかみさんには感謝しかない。午前中の練習が終わると、師匠の家に行っておかみさんが作ってくれた飯を食ってから、また午後の練習だ。そんな毎日だった。「弟子にしたからには、それくらいの面倒は見てやるよ」という師匠の心意気だったと思う。実際のところ、練習はハンパなく厳しかったよ。でも俺は、猛烈なまでに競輪に集中していた。

実は俺にも、関根《せきね》彰人《あきと》（沖縄94期）という弟子がひとりいる。彰人に関しては、アマチュア時代に自転車競技をやっていたこともあって、既に選手としてできあがっていたし、デビューまでにほとんど手がかからなかった。それ以前に、俺は自分のことで精一杯だったから、添田さんが俺にしてくれたようなことを弟子にしてあげられなかった。そう思うと、添田さんはやっぱり凄い人だ。

そんな師匠に支えてもらいながら、俺のB級選手としての戦いは始まった。デビュー戦のことは第1章に書いた通りだけど、当時の競輪界は4000人以上の選手がいて（すべて男子選手）、S級、A級、B級の3階層にランク分けされていた。いまのようにS級S班はなくて、最高位のS級1班はたったの130人しかいなかった。S級全体でも440人程度だ（現在は約670人）。S級になるのは狭き門だったし、S級というものの価値がとても大きかった時代だ。それこそデビューしたばかりの頃は、S級というトップクラスの選手たちが、もの凄い存在に思えて、遥《はる》か遠いところにいるように感じていた。

当時の選手の級班は、4カ月を1期間（現在は半年）として、その期間の競走得点によって振り分けられた。走るレースのランクとその着順によって、競走得点が与えられる。同じレースにおいて、着が下がるごとに2点ずつ引かれるため、1着が100点なら、9着だと84点となる。つまり、1着と9着とでは16点も差があるってわけだ。そんなシビアな状況のなか、1期間の平均競走得点がその選手の持ち点となり、点数ごとにランク分けされる。

いまの佐藤慎太郎は「追い込み」や「マーク屋」が代名詞になっているのだけど、デビュー当初は先行選手としてトップになりたいと思っていた。サイン色紙には、「先行一本」なんて書いていた時期もあった。とはいえ、連戦連勝で階級を駆け上がっていけるような爆発力は備えていなかった。それでも、B級からA級へは半年ちょっとで上がることができた。スピードには自信があったから、捲りはバシバシ決まっていたんだよな。後方からカマすような先行でもそれなりに勝てたのだけど、抑え先行(後方から前団のラインを抑えて、徐々にペースに持ち込む先行スタイル)になるとゴール前で末脚を欠くレースが目立っていた。そして、A級に上がると、それが顕著に出てしまった。

それこそB級時代は、2コーナーくらいからの捲りであれば、一気にトップスピードまで持っていって捲り切って1着を量産できた。でもA級になると、B級とは違ってラインの後ろの選手もしっかりと追走してくる。俺は、脚力的に長い距離を高いスピードで行くのが得意じゃないから、強引に早い位置から仕掛けるとゴール前で後ろの選手に抜かれてしまうのだ。前述したように、捲りでなく、打鐘(残り1周半)から抑えて先行をしても、末脚が甘かった。

そんなことでは、なかなかS級に上がることができない。そうなると、着（成績）をまとめたくなって、どうしても早めの先行を避けてしまう。例えば、1着と3着では4点の競走得点差があり、これが後々の班別にかなり響いてくる。「早くS級に上がらなくちゃいけない……」という焦りから、初日が特選シード（無条件で準決勝には上がれる）でも、自分がいい着で残ることを優先してしまい、自分のためだけのスケールの小さいレースをしてしまっていた。

いま振り返れば情けなさも感じるが、当時はA級からS級に上がるためには、96点平均くらいが必要だったので、特選シード、準決勝戦、決勝戦といつも3着以内で走っていないと、S級に上がる点数はなかなか取れなかった。

「自力で勝ちたい」と頭では思っていても、「強い先行選手になりたい」という信念を持てていたかといえば、その答えは怪しい。当時の俺は、先行に自信が持てないため、「後ろの先輩に勝ってもらいたい」とか、「ラインのために自己犠牲の精神を持って走ろう」という意識が薄かったのだと思う。実際に俺が先行して後ろを回っていた先輩選手が優勝しても、嬉しさはなく、残ったのは悔しさだけだった。俺の考えが浅はかだったこともそうだけど、既に自分のなかで先行選手としての限界が見えていたのだろう。しかし、当時はまだ若い。年齢的なことからも、先行選手として前を走るしかない。だから猛練習した。ただ、いくら猛練習したからといって、簡単に勝てるわけではない。現実は厳しいのだ。A級に上がってから初優勝までに1年半もかかったし、デビューからS級に上がるまでには約3年の時間を要するなど、デビューからしばらくのあいだは苦労の時期が続いた。

自力選手としての限界

どうにかS級に上がったものの、GⅠで戦える先行力はなかった。自力では戦っていたが、逃げ切りで優勝したのは、1999年10月のいわき平競輪場の一度だけなんだ。これは記念すべきS級初優勝だったわけだが、それ以降の優勝におけるほとんどの決まり手は捲りだった。

そんな俺に対して師匠は、「慎太郎は器用な面があるし、早めに自在（先行、捲りだけでなく、ヨコに動いて好位を取るなど臨機応変に走るスタイル）で戦ったほうがいいんじゃないか？」と提案してくれていた。俺のなかにもそういう気持ちはあったが、年齢的にも20代だし、やっぱり先行で強くなりたかった。「逃げ切りや捲りで優勝を積み重ねてから、自在や追い込みに変わってもいいのではないか」と意地になっていた部分もあったのだ。

理想のレースばかりではなかったが、俺はどうにかS級1班に昇格し、1999年からGⅠに出るようになった。当時は、北日本のエースとして君臨していた伏見（俊昭）さんと一緒に練習することが多かったのだけど、伏見さんと俺では練習のときからタイムがまるで違うし、もがける距離にも圧倒的な差があった。GⅠに出るようになってからは、「ああ、こりゃ凄いや。俺の自力では絶対にタイトルなんて獲れねえな……」と感じる場面も多くなっていった。そして、「先行選手として強くなりたい。逃げてタイトルを獲りたい」という意地も、徐々に薄れていったのだった。

悶々《もんもん》とした日々を送るなか、2000年8月のGⅢ・小田原記念《おだわらきねん》で、競輪人生のターニングポイントが訪れることになる。決勝は、高校、同県の大先輩である金古（将人）さんが一緒だった。

決勝戦の前日に、「おまえどうするんだ?」と金古さんからいきなり聞かれたのである。

その頃の俺は、ビッグレースにも出始めていたわけだけど、先行選手として勢いのあった伏見さんの前を回ったことは1回、2回程度で、相変わらず「強い先行選手」という認識はされていなかった。それこそ、同県の先輩・岡部（芳幸）さんの前を回れば、果敢に先行策に出ても、番手捲りを打たれて着外に沈むような始末だった。間違っても岡部さんをはじめ、先輩選手たちが悪いわけではない。俺の末脚がないため、ラインを固めてくれる後ろの選手たちとゴール勝負ができなかったのである。つまり、俺の自力はS級の上位戦では通用していなかった。だからといって、「後ろの選手が勝つことが、俺の勲章だ」とも思えずにいた。「俺は先行では無理だ……」。師匠のいうように、早めに自在や追い込みに転向したほうがいいかもしれないな」。正直、悩んでいた。

金古さんは、続けてこういった。

「慎太郎、そんな中途半端な気持ちだったら先行はやめたほうがいいぞ。同地区の選手かrしたって、そんな奴には前を任せられないだろ？　俺の後ろについてみろ。追い込み屋が楽じゃないってことを教えてやるから」

この言葉は、俺にとって大きく、そして痛かった。大先輩に前を任せる時点で、「先行」の看板は下ろしたに等しいからだ。でも、金古さんの言葉で吹っ切れた。「追い込みでやっていくしかない」と腹を括れたのだ。

新聞記者を目の前に、「追い込みに転向します」とはいわなかったにせよ、事実上、このレースが追い込みへの転向宣言となった。

追い込み屋・佐藤慎太郎の誕生

金古さんの後ろを回った小田原記念の決勝戦。しかし、俺はその位置をすんなり回らせてはもらえなかった。そう、競輪の世界は甘くないってことだ。別線からインで粘られて並走になり、さらには外からも他の選手が追い上げてきた。内から外から競られることを、競輪界では「蜂の巣にされる」なんていう。要するに、蜂の巣をつついて蜂から総攻撃を食らうような状況に似ているというたとえだ。ただでさえ注目度の高い記念の決勝戦だ。先輩に前を回ってもらって、簡単にこの位置を明けわたすわけにはいかないよな？ 内で粘ってきた選手も、外に追い上げてきた選手も無我夢中でどかして、金古さんの番手を死守した。

結果は、金古さんが優勝を飾り、俺は2着。「追い込みの勉強をさせてやる」といった金古さんは、逃げ切って大喜びしていたぜ。

金古さんが優勝、俺が2着と上位を独占できたことも嬉しかったが、このレースでは違う喜びを感じることができた。先行して後ろから差された2着よりも、前の選手をかばっての2着は、俺にとって遥かに価値のある2着だと感じられたのだ。追い込みというポジションにやりがいを見出せたし、同地区の先輩だけでなく、他地区の選手からも「いいレースだったな！」「頑張ったな！」といってもらえて、先行していたときとは違う評価をしてもらえた。レース後に金古さんから、「今日から慎太郎は追い込みでやっていくんだぞ」と声をかけてもらい、これで完全に踏ん切りがついた。


だからといって、すぐ次の開催から「佐藤慎太郎は追い込み選手だ」と周囲から認知され、俺に目標の先行選手が用意される番組が組まれることはない。あくまでも、レースにおいて「追い込み屋・佐藤慎太郎」を見せて、徐々に認知させていくしかないのだ。

それからしばらくは、無理な先行をあまりせず、いったん前に出て、別線が巻き返してくるのを待ってその番手に飛びつくレースを見せるなど、できるだけ自在に立ち回るようにしていた。それこそ、他のラインに強い先行選手がいれば、その後ろを回る追い込み選手のところにスタートから競りにいった。そういったレース振りを周囲の選手たちはよく見ているし、番組をつくる編成員だって見ている。すると次第に、「追い込み寄りの自在選手」として扱われるようになっていった。当時はまだ23歳とか24歳くらいだから、戦法を変えるには一般的な選手よりもかなり早いほうだった。

ただ、そこに問題もあった。自分の適性に気づき、早くから戦法を追い込み主体にしていったことは、必ずしもいい点ばかりではなかったのである。なにせ、デビューしてたった数年での追い込み選手への転身だ。よって俺は、先行選手として先輩たちの勝利に貢献してきた実績が極端に乏しかった。自分でもそう思っていたし、周囲の選手からそういわれたこともあった。

福島の先輩である伏見（俊昭）さんや岡部（芳幸）さんだけでなく、高谷雅彦《たかやまさひこ》さん（青森67期）の前で先行して、勝利に貢献するようなレースは必要だったといまでも思うことがある。高谷さんは長きにわたって北日本勢の機関車として活躍していた選手で、多くの選手から「足を向けて寝られない」といわれるような人だった。そういう人の前を回れていれば、少しは俺にも先行の履歴が残ったはずだ。

競輪界では、先行選手としてラインをバンバン引っ張っている期間を「種を蒔《ま》く時期」なんて表現することがある。まさに種を蒔くようにラインへの貢献度を高めていれば、下の世代が出てきたとき、自分が優遇される順番が回ってくるという意味合いだ。いかにも競輪らしい考えだけど、若い頃に自分を犠牲にして頑張っていれば、いつかは収穫の時期が来るということだよな。でも俺は、他の選手に比べて種を蒔く時期が圧倒的に短かった。少なからず、そういう思いは自分のなかでコンプレックスとしてあったと思う。

それをカバーしたいという気持ちと、前を回ってくれる自力選手に先輩が多かったこともあって、俺は他の選手以上に「しっかりと先行選手をガードしなくちゃいけない」と気負っていた。ときには、「失格してもいい」くらいの覚悟でレースに臨んでいたよ。

そんなプレッシャーはあったにせよ、追い込みに戦法を変えてからは、レースが楽しかった。俺はヨコの動きが好きだし、実際にそういった競走スタイルが合っているのだと実感しながら走っていた。他のラインに競られ、それでも番手を死守して4コーナーから前の先行選手を抜いたときなんかは、自分自身に大きな可能性を感じることができた。「他のラインの選手に絡まれて、脚を使ってからでも前の選手を差せるのだから、道中無風ですんなりついていけば全部抜けるはずだ」。自分が無敵に思えたし、期待値がぐんぐん上がっていった。

自力選手としてやってきた選手が追い込み型に戦法を変えた直後というのは、まだ自力もあってタテ脚があるからもっとも勝つチャンスが大きいと思う。自力選手が受ける風圧よりも、番手選手が受ける風圧は約半分に軽減される。それまでは必死になって風を受けてきたなかで、追い込みになればゴール前まで風をもろに受けずに回れるというアドバンテージがある。ここで大事なのは、その状況にあぐらをかかず、追い込みに転身してからもタテの脚を磨いておくことだ。

絶対的な脚力がなければビッグレースを獲るチャンスが来たときにものにできないし、番手で仕事をする余裕がなければ前の選手も生きなくなってしまう。だから俺は、脚力だけは落とさないように練習し続けた。

第2章でも少し触れたけど、当時は北日本に強い追い込み選手が少なかったため、北日本の自力選手の後ろを関東や南関東の追い込み選手が回ることも多かった。すんなり強い自力選手の後ろを回ればタイトル争いもできるのに、同地区じゃない選手が番手を主張することには、ちょっと悔しい思いがあった。でも、ようやく俺がそういう位置を回れる機会が増えていき、初タイトルは時間の問題だと感じていた。

念願のGⅠタイトル獲得

これまでの長い競輪人生を振り返ると、いくつかのピークがあった。最初のピークは２００３年から２００７年くらいまでだ。２００３年当時26歳だった俺は、技術的にも成熟していたし、選手としても最高に脂が乗っていた。あの頃はレースがすべて自分のイメージ通りに進んでいて、脚にもかなり余裕があった。脚力を含む体力面、そして精神面においても常に勝ち気で、まさにピークだったといっていいだろう。

２００２年２月に伊東温泉競輪場《いとうおんせんけいりんじょう》で行われたGⅡ・東日本《ひがしにほん》王座《おうざ》決定戦《けっていせん》で初めて特別競輪（GⅡ以上）の決勝戦に駒を進めると、そこからは面白いように特別競輪の決勝に乗ることができた。伏見（俊昭）さんは前年にＫＥＩＲＩＮグランプリを勝って乗りに乗っていたし、野田源一《のだげんいち》（福岡〈旧・秋田〉81期）のような後輩の自力型も育っていた。俺もまだ若かったが、先輩選手を差し置いて、大事なレースで３番手でなく番手を回る機会も多くなっていた。先輩・後輩だけの関係ではなく、競走得点が高かったことも追い込み選手としての地位が確立された証拠だ。

しかし、場数を踏んでいくなかで、悔いが残るレースもあった。そういった意味では、2002年8月に弥彦競輪場《やひこけいりんじょう》で行われたGII・ふるさとダービーの決勝戦は忘れられない。北日本勢はみんな予選で敗退してしまい、その決勝戦には、俺だけが北日本の選手として残ることができた。目標とする自力選手がいない、不利な戦いだ。「佐藤慎太郎ここにあり」というレースを見せるなら、一番強い先行選手の後ろの位置に競り込みにいくべきだろう。それなのに俺は、ただ切れ目を回って流れ込むだけの消極的な走りをしてしまった。結果は前の落車に乗り上げて俺も落車。再乗して拾った4着だった。レース後に、「たとえ9着に沈んだとしても、追い込み選手としては先行の番手に行くべきだったよな……」と凄く悔しい気持ちになったことを覚えている。

その悔しさもまだ癒えない2003年11月、ついに〝そのとき〟がやってきた。高知競輪場で行われたGI・読売新聞社杯全日本選抜競輪。1周500メートルの長走路は、当時6つあったのだが（大津《おおつ》びわこ競輪場《けいりんじょう》が廃止になり、熊本競輪場《くまもとけいりんじょう》が400に、TIPSTAR DOME CHIBA（旧・千葉競輪場《ちばけいりんじょう》）が250に改修されたため、現在は宇都宮競輪場、大宮競輪場《おおみやけいりんじょう》、高知競輪場の3場）、500メートルバンクは最後の直線が長いため、少々展開が悪くても、コースがあれば突っ込むチャンスのあるバンクだ。

決勝メンバーは以下の9選手。

1番車　堤《つつみ》洋《ひろし》（徳島75期）
2番車　佐藤慎太郎（福島78期）
3番車　村上《むらかみ》義弘《よしひろ》（京都73期）
4番車　鈴木《すずき》誠《まこと》（千葉55期）
5番車　小野俊之（大分77期）
6番車　幸田《こうだ》光博《みつひろ》（栃木67期）
7番車　小嶋《こじま》敬二《けいじ》（石川74期）
8番車　高木《たかぎ》隆弘《たかひろ》（神奈川64期）
9番車　松岡《まつおか》彰洋《あきひろ》（三重69期）

俺はまたも、北日本勢からひとりで決勝戦に駒を進めた。目標とする自力選手はいなかったが、高知競輪場の長い直線なら脚を溜《た》めて直線勝負できる。ただ、そうはいっても目標がいないことは間違いなく不利だし、「勝てる」という予感めいたものもなかった。決勝のひとつ前のレースが終わり、俺は顔見せ（展示周回）のためバンクに出ていった。すると、聞き慣れたファンの声が耳に飛び込んできた。
そのファンは、全国どこにでも駆けつけてくれるような熱心なおっちゃんで、ずっと関東地区の選手を応援している人だ。ただ、なぜか俺のことも応援してくれている人でもあった。プライベートでの親交があるわけではないが、とにかく競輪にやたらと詳しくて、いつも芯を食った檄を飛ばしてくれる。

「慎太郎！　弥彦の悔しさを思い出せ！」

追い込みに転身したとはいっても、俺はまだ追い込み1本というよりは自在に立ち回っていた時期だったし、この開催の2日目には有坂（直樹）さんを連れて先行までしていた。そのおっちゃんは、当時の俺のレーススタイルにブレを感じていたのか、「追い込み選手としての佐藤慎太郎を確立しなきゃダメだぞ」というエールを短い言葉で的確に送ってくれていたのだと思う。弥彦での凡走も見ていて、そのことに触れることで、俺に気合を入れてくれたのだろう。

その檄は、俺の心にすっと入ってきた。他のラインは強力だ。当時、先行日本一といわれた小嶋（敬二）さんのラインがあり、他にも村上（義弘）さんのラインがあり、村上さんの番手には俺と同い年のスター選手である小野（俊之）がついていた。

小嶋さんも村上さんも先行意欲が高く、どちらのラインが先行するか分からなかったこともあり、俺はどう立ち回るか作戦を決めかねていた。でも、そのおっちゃんのひとことで、やるべきことは決まった。

「そうだよな、そういうことだよな。勝っても負けても番手に行くしかねえよな」

弥彦での不甲斐ないレースを払拭するためにも、俺は逃げたほうの番手勝負に行くと腹を括った。つまり、この大舞台の一発勝負で、村上さんが先行のときは小野に競りかけるということだ。

発走直前、横一線に選手が並ぶ。俺は深々と一礼して、競輪場にいる神様と、いつも声援を送ってくれるファンのみんな、そして師匠や両親に感謝の気持ちを伝えていた。

心のなかは、燃えていた。

「見てろ。今日こそやってやる」

単騎の俺は、周回中は影を潜めるように切れ目で脚を温存した。打鐘が鳴ると、後方にいた村上さんが動いた。俺は村上さんラインの4番手に切り替え、さらには最終ホームで内を突いて小野から村上さんの番手を奪った。俺と小野が絡んでもつれているのを見て、すぐさま小嶋さんも後方から巻き返してきたが、村上さんがものの見事に突っ張ってくれた。そして、4コーナーからは高知バンク特有の長い直線に入る。俺が全力で村上さんを抜きにいくと、3番手で立て直していた小野も渾身《こんしん》の中割り（先行選手と番手選手のあいだを割って突っ込むこと）を狙ってきた。俺は、「絶対に中だけは割られまい」と、瞬時の判断で小野に肘をかけにいき、小野の勢いを止めようとした。それでも小野は、目一杯にハンドルを投げて、混戦を抜け出そうとしてくる。すると、小野に少し押されるかたちになって、俺の体は宙に浮いた……。最後は、落車しながらゴールに滑り込んだ。落車の衝撃は凄まじかったが、確かに村上さんを抜いて、小野にも抜かれず、一番にゴール線を越えたという感触があった。

「これ、俺が勝ったんじゃねえか？」

体の痛みを押して立ち上がると、ちょうど場内の大ビジョンでスローVTRが流れた。結果は、タイヤ差で俺が勝っていた。そこで初めてお客さんに向かってガッツポーズをした。初タイトルのゴールシーンは、落車つきというとても泥臭いものだったわけだが、それこそ、佐藤慎太郎らしいかっこよさだよな。

着順は、1着が俺で、2着が小野。そして3着には最後の直線で伸びてきた鈴木誠さんが入った。

この本を書くにあたり、久しぶりに当時の映像を観たのだけど、とても印象的なシーンがあった。表彰式でトロフィーと花束を持つ俺の横には2着だった小野がいるのだけど、番手を奪われて優勝をかっさらわれたにもかかわらず、小野は少し笑みを浮かべて俺の片腕を上げてくれていた。本当に激しいレースで、お互い全力で走り、技を繰り出しての結果に、小野自身にも充実感があったのかな。

小野とは、それ以降も同い年のライバルとしてしのぎを削っていったと俺は思っているのだけど、いま観ても嬉しいシーンだ。

2003年11月、GI・読売新聞社杯全日本選抜競輪で初タイトル獲得。最後は落車しながらのゴールだった。表彰台に一緒に立つのは、ライバルとしてもしのぎを削った小野俊之

こうして俺は念願のＧＩタイトルを獲得したのだけど、この勝利にはひとつの布石があった。この年の6月に大津びわこ競輪場で行われたＧＩ・高松宮記念杯競輪《たかまつのみやきねんはいけいりん》の決勝戦でも似たようなシチュエーションがあったのだ。

そのレースも俺には目標にする自力選手がいなくて、村上（義弘）さんの番手にいた松本整《まつもとひとし》さん（京都45期、最年長ＧＩ優勝保持者。ＧＩ4冠、2004年6月11日引退）に競りを仕掛けた。競りには勝ったものの、番手を取り切った時点でかなり脚を削られてしまい、前の村上さんを抜くことができなかったのだった。優勝は、その上を捲った小嶋（敬二）さんで、村上さんが2着、俺は3着だった。このときの経験から、早めに抜きにいかないと村上さんを抜けないことは理解していた。

選手はよく、「次につながるレースをする」とコメントするけれど、このレースこそが、初のＧＩタイトル獲得につながったことは間違いない。

一流マーカーへの道

ＧＩタイトルをひとつ獲れたことで、「福島の佐藤慎太郎」という名前は全国の競輪フアンに知られることになった。師匠に洗脳されて「俺はＧＩを獲る」と思い込んでいたにせよ、決して才能がある選手ではなかったし、体だって小さいほうだ。なにより、自分の強さだけで勝ち切れる強い先行選手でもなかった。だから、本当にタイトルを獲れたことは、自信につながった。そして、「こうやってひとつでもタイトルを獲ってしまえば、これから何本もタイトルを獲れるだろう」と思っていた。

競輪界全体に対しても、「佐藤慎太郎＝追い込み選手」というイメージを植えつけることができた。あきらかに、俺を追い込み選手として見てつくられた番組が増えたからだ。選手間における立場も少し変わりつつあったし、「追い込みとして魅せていかなくちゃいけない」と意気込んでいた。

タテ脚の練習はキープしつつも、競りを前提とした並走の練習に割く時間を増やすことにした。レースでは他の追い込み選手に競られることも増え、逆に俺もどんどん相手に挑んでいかなければならない立場になった。弱みを見せたら奈落の底に落とされる。弱肉強食が常の競輪界だけに、油断は禁物なのだ。

当時の競輪は、いまのようなスマートな競走ではなかった。目標にする自力選手がいないレースに乗るときは、ファン、選手、競輪関係者から、「ここは競りにいくしかないよな」という無言の圧力がかかったものだ。とにかく、ガッガツ競りにいかないと、「勝負をしない弱気な選手」というイメージが定着してしまい、周囲から厳しい目で見られた。

スピード化が顕著ないまの競輪では、「無謀な競りなんて流行らないし、結果もついてこないのだからやめたほうがいいよ」といわれるだろう。競りは勝つための手段ではなく、追い込み選手としてのアピールをするためのものという見方が大きいように思う。それこそいまの競輪では、競りでヨコへの意識が強くなり過ぎてしまうと、全力で2周近くもがく前を走る選手のダッシュにちぎれてしまう。だから、競り勝つためには、ヨコの技術よりも、パーンと相手にあたって跳ね返し、前の選手についていくダッシュ力が要求される。

それに比べて、むかしの競りは技術による部分が大きくて、体を相手選手と寄せ合いながら、ぐっと力を入れたり、すっと力を抜いたり、そんな感じで駆け引きをしていくのが主だった。内並走なら内の、外並走なら外の技があって、そこまで大きな動きではないにせよ、技術が詰め込まれていた。

そしてなにより、その頃の競輪で勝利に一番近い位置こそ、先行選手の番手だった。そこさえ取り切ってしまえば勝つチャンスは一気に高まるのだから、競る価値が高かった。

さらには、競り勝てば追い込み選手としての強さを証明でき、評価もどんどん上がる。「一競りで二度美味しい」という感じで、要するに、競りにうまみがあったわけだ。

俺はまだ若く、追い込み選手として駆け出しのぺーぺーだから、名選手たちの胸を何度も借りた。第2章にも書いたけれど、（渡邉）晴智さんの技術はまったくもって凄かったぜ。体の線は細くて動きも大きくないのに、俺の競りを受けても、簡単に返されてしまった。競りで負ければ、やっぱり悔しい。だから、福島に帰ってから同門のマコト（鈴木誠）や坂口卓士《さかぐちたかし》（福島88期）に、晴智さんを仮想した競りの稽古につき合ってもらったものだ。

当時は、武田清彦《たけだきよひこ》さん（山形39期、２００９年3月26日引退）や、松井一良《まついかずよし》さん（青森61期、２０１３年11月7日引退）といった北日本勢の大先輩らにも、肘の使い方や肩の出し方といった細かい追い込みのテクニックを教わった。それから地区は違ったのだけど、高木隆弘さん（神奈川64期、ＧⅠ3冠）もいろいろなアドバイスをくれたひとりだ。晴智さんが名前を売る前は、高木さんが長く南関の代表格として存在感を示していた。「西の小橋（正義）、東の高木」なんていわれていて、まさに追い込みの名手だったよな。高木さんに教えてもらったことは、本当に勉強になった。

ただ、ここで大事なのは、名のある人に挑む側には大きな価値がある一方、受けて立つ側にはあまりメリットがないということだ。鼻息が荒い若造に競られるのは面倒だろうし、いい気はしないよな。俺もいまは挑まれる側になってしまったが、思い切ってぶつかっていけた当時は面白かった。強い追い込み選手に挑めば挑むだけ、自分の追い込みとしてのステージは確実に上がり、いい番組に恵まれる機会も増えた。

２００３年にＧⅠを獲ってからの４年間は、コンスタントにＧⅠの決勝に乗ることができ、ＧⅡでは２００４年に高松競輪場《たかまつけいりんじょう》で行われた共同通信社杯競輪、そして、２００５年には武雄競輪場《たけおけいりんじょう》で行われたふるさとダービーと二度の優勝もした。ＫＥＩＲＩＮグランプリにも、２００３年から２００６年まで４年連続で出場した。

まさに、佐藤慎太郎の第一次ピーク期だった。

数センチメートルが分けた明暗

３つ年下で弟弟子にあたる山崎（芳仁）が添田一門に入ってきたのは、俺が選手になって数年経ってからだ。山崎は学生時代に世界大会に出ていたような選手だったので、「体も強そうだし、期待できる男なんだろうな」くらいには見ていた。それはそうと、師匠の山崎にかける期待はハンパじゃなかったな。「慎太郎、山崎がプロになったらおまえに何本もタイトル獲らせるような選手にしてみせるからな。もうちょっと待っとけよ」なんてよくいわれたものだ。師匠も俺も、山崎がそれなりに強い選手になることは分かっていたけれど、予想を遥かに上回る選手になっていくのだった。

山崎は競輪学校の受験に少してこずったのだけど、88期を無事に卒業。デビューした２００３年時点で既に24歳になっていたから、新人とはいえ競輪選手としてほぼ完成していた。翌年の２００４年7月には、前橋競輪場《まえばしけいりんじょう》で行われた寛仁親王牌《ともひとしんのうはい》・世界選手権記念《せかいせんしゅけんきねん》トーナメントで早々にＧⅠ初出場を果たし、２００５年12月にはＧⅡ・ヤンググランプリで優勝をかっさらった。

俺と山崎が初めてＧⅠの決勝戦で連係したのは、２００６年6月に大津びわこ競輪場で行われた高松宮記念杯競輪だった。ヤンググランプリに続いて、２００６年2月に伊東温泉競輪場で行われたＧⅡ・東日本王座決定戦でも優勝して、山崎はまさに飛ぶ鳥を落とす勢いだ。山崎は大ギアブームをつくった先駆者なのだが、まさにその大ギアが猛威を振るった（この頃はまだ３・９２くらいのギアだったはずだが、以降、さらに大ギアになり巷《ちまた》では「4回転モンスター」と呼ばれるようになる)。

決勝メンバーは以下の9選手。

1番車　山崎芳仁（福島88期）
2番車　山口富生《やまぐちとみお》（岐阜68期）
3番車　佐藤慎太郎（福島78期）
4番車　坂本英一《さかもとえいいち》（栃木59期）
5番車　岡部芳幸（福島66期）
6番車　井上昌己《いのうえまさき》（長崎86期）
7番車　兵藤一也《ひょうどうかずや》（群馬82期）
8番車　山内卓也《やまうちたくや》（愛知77期）
9番車　村本大輔《むらもとだいすけ》（静岡77期）

山崎にとっては、この高松宮記念杯競輪が初めてのGI決勝だった。このレースには岡部芳幸さんもいて福島3人のラインができあがった。並びは、山崎―俺―岡部さんだ。レース直前のオッズは、俺が山崎を差す③-①が一番人気、俺から岡部さんへの③-⑤が二番人気で、山崎の逃げ切りから俺の①-③が三番人気だった。

別線の自力選手は、捲りを得意な戦法とする井上昌己（長崎86期、2008年KEIRINグランプリ覇者、GI2冠）しかおらず、事実上、山崎の先行1車だ。山崎も番手に兄弟子である俺、3番手に同県の大先輩である岡部さんがついたことで、「自分が勝ちたい」という気持ちを優先せず、「後ろにつく選手に抜かれてもいい」くらいの思い切った先行をしてくれた。お膳立ては完璧。あとは、俺が後方から来る別線をブロックしてゴール前で抜くだけだ。

しかし、山崎の大ギアから繰り出されるスピード、そしてゴール前の強靭な粘りの前に、俺は山崎を抜くことができなかった。優勝には、わずかなタイヤ差、ほんの数センチメートル足りなかった。俺は、2003年11月の読売新聞社杯全日本選抜競輪以来となるGI優勝のビッグチャンスを逃してしまった。もちろん、同門の選手であり、弟子の優勝だ。そのこと自体に喜びはある。しかし、その優勝を心から祝えるような精神状態ではなかった。正直、競輪選手人生で一番悔しいレースとしていまでも忘れることができない。

そして、この数センチメートルの差がもたらしたものは、悔しさだけではなかった。山崎との力関係にも大きく影響した。この勝利で山崎は、「自分は勝っていい選手なんだ」とはっきり自覚したはずである。「次も自分が勝てるところから仕掛けるレースでいいですよね？」と、俺にあっさりいえる関係性ができあがってしまったわけだ。こればかりは仕方ない。俺がきっちりと結果を残すことができなかったことがすべてなのだから。

もし俺が山崎をかばいながらゴール直前で差していたら、「また次も頼むぜ！」なんて肩をポンと叩いて終わっていたことだろう。

勝負事で勝てるチャンスを逃すと、勝利の女神もどこか遠くへと逃げていってしまう。俺はそれ以来、ＧＩレースで決勝にこそ進むものの、完全に勝ち運から見放されてしまったのだった。

山崎は、師匠がいった「俺にタイトルを獲らせる後輩」ではなく、自力で何度も何度もＧＩを勝ってしまうスーパースターとなり、この本を書いている時点でＧＩ９冠という競輪史に名を残す選手となったのだった。

才能溢れる後輩たち

そんな山崎（芳仁）を輩出した88期は、「花の88期」と呼ばれるほどに粒揃いで、いわゆる〝当たり年〟だったとされる。北日本勢には、のちにタイトルホルダーとなる渡邉一成、佐藤友和、成田和也がいる。一成は、ナショナルチームで日本のエースを務めるまでに成長し、２００８年の北京オリンピック、２０１２年のロンドンオリンピック、２０１６年リオデジャネイロオリンピックと、オリンピックに3大会連続で出場した逸材だ。ナショナルチームの競技から一線を退いて競輪に専念すると、２０１６年2月に久留米《くるめ》競輪場《けいりんじょう》で行われた読売新聞社杯全日本選抜競輪、２０１７年８月にいわき平競輪場で行われたオールスター競輪と同年の10月に前橋競輪場で行われた寛仁親王牌・世界選手権記念トーナメントと、ＧⅠを３つ獲った。

友和はデビューから3年ほどで頭角を現し、早い段階から山崎とともに北日本を引っ張る存在になった。４年目の年に初のS級S班入りを果たし、以後はふたつのＧⅠウィナーとなった。

成田は、大学時代から自転車競技で活躍し、プロになってからもナショナルチームで頑張っていた選手だ。競輪では俺と同じく割と早めに追い込みの素質を開花させていた。2011年5月に松戸競輪場《まつどけいりんじょう》で行われたSSシリーズ風光《かぜひか》る（現在は廃止）、2012年2月に熊本競輪場で行われた日本選手権競輪、2013年6月に岸和田競輪場《きしわだけいりんじょう》で開催された高松宮記念杯競輪と3つのタイトルを獲得した。タテの動きにもヨコの動きにも強く、その義理人情に厚いレース振りは、先輩の俺から見てもかっこいい男だ。

他地区でも、スピードスケート界から鳴り物入りで転身してきた武田豊樹《たけだとよき》さん（茨城、2014年KEIRINグランプリ覇者、GI7冠）や、2008年の北京オリンピックで銅メダルを獲った永井清史《ながいきよふみ》（岐阜）もいた。山崎を筆頭に、彼らが次々とタイトルを獲り始め、世代交代は急ピッチで進んでいくのだった。

さらには、89期に菊地圭尚《きくちけいしょう》（北海道）、90期に新田（祐大）という怪物クラスの自力選手も出てきて、北日本勢は黄金期を迎えることになる。

この頃は、村上（義弘）さん率いる京都勢が強烈だった。村上さんはもともと先行で名を馳《は》せた選手だが、その厳しいメンタリティに心酔する〝村上イズム〟の継承者が次々に現れ、近畿軍団が一大勢力となっていった。その結果、村上さんはGIのなかでも最高峰の日本選手権競輪を四度、ＫＥＩＲＩＮグランプリを二度制し、その存在はますます神格化されていったのだった。神山（雄一郎）さんの後継者になった平原（康多）と武田（豊樹）さんの関東ゴールデンコンビも席巻していた。平原が前を回れば、武田さんがあたりまえのように勝つし、その逆もまた然りだ。ふたりのあいだに強い絆《きずな》を感じたよ。しかし、北日本勢も戦力的には劣っていなかったと思う。

俺は追い込み選手であり、もの凄い自力を備える後輩たちとのあきらかな脚力差を感じてはいたものの、そこまで悲観はしていなかった。なぜなら、彼らにかなわないと考えるのではなく、頼もしい仲間が増えたと感じたからだ。

だってそうだろ？　自分自身がＧⅠで戦えるレベルを維持していれば、勝ち上がりの段階では目標に事欠かないし、決勝に乗れば番手、または3番手を回ることができる。そして、レースで自分の仕事をしっかりして、最後に前の選手を抜くことができれば優勝の芽が出てくる。そう考えれば、強い選手が増えることは逆にありがたいことなのである。だから、2本目のＧⅠタイトル奪取の可能性を大きく感じていた。あの大怪我をするまでは……。

選手生命を脅かした大怪我

競輪選手に怪我はつきものである。激しく他のラインとぶつかり合うだけでなく、ゴールめがけて後方から突っ込んで行く追い込み選手は、落車が日常茶飯事だからだ。ただ、「肋骨《ろっこつ》の骨折ならかすり傷」なんていわれるくらい、競輪選手は怪我に強い。しかし、自転車を漕ぐ動力や、体の軸になる部分で大きな怪我をしてしまうと、かすり傷では済まないし、選手生命の危機にもなり得る。

2008年の5月に奈良競輪場で行われた、全日本《ぜんにほん》プロ選手権《せんしゅけん》自転車《じてんしゃ》競技大会《きょうぎたいかい》記念《きねん》競輪《けいりん》（通称・全プロ記念）での落車は最悪だった。落車の勢いで、足がクリップバンドで固定されたまま、俺は遠心力で金網方向に自転車ごと持っていかれた。そして、いったん金網に引っ掛かってから宙を舞ってバンクに叩きつけられたのである。

もの凄い強さだった。叩きつけられた瞬間、自転車のクランクにくるぶしが激しくぶつかったのが分かった。

同時に、背中も強打していて呼吸もできないような状態だった。一緒に落車した伏見

（俊昭）さんもすぐ脇で寝転がっていたのだけど、俺の怪我の重大さを瞬時に感じ取ったのか、「大丈夫か慎太郎？」って呼びかけてくれたことを覚えている。でも俺は、息ができなくて声も出せず、伏見さんに対して返事すらできなかった。担架で運ばれながら、「これは確実に肋骨が折れているだろうな」とぼんやり考えていた。でも、予想以上に重傷であることがすぐに分かった。医務室で足首を見たとき、俺は愕然《がくぜん》とする。くるぶしがクレーターみたいにえぐれているではないか。「これはまずいな……。完治までに時間がかかるだろう」と判断した。いや、「これはもう選手としてはダメかもしれないな……」なんて、最悪の考えも頭のなかをよぎっていた。

すぐさま救急病院に搬送され、担当医からこう説明された。「くるぶしと一緒に腱《けん》まで剝がれてしまっている」。すぐに手術を受け、くるぶしがくっつくまで足首を動かすことを禁じられた。診断は右足くるぶしの剝離骨折。骨折した箇所が箇所だけに、これはかなり深刻な怪我だ。

入院生活は2カ月以上に及んだ。健康な体でレースを走れることがどれほど幸せなことかを実感すると同時に、これまで欠かしたことのないトレーニングがまったくできない状況への焦りで精神状態も酷かった。

「あれだけ厳しい練習を繰り返して最高の状態に仕上げても、タイトルを獲るのは本当に難しい……。それなのに、こんなブランクができてしまったら、もうＧⅠで優勝争いをするのは無理かもしれない。佐藤慎太郎もこのまま終わっちまうのか」

病院のベッドで天井を見上げながらそんなことを思っていた。

食事も制限されトレーニングもできないのだから、日が経つにつれて筋肉も痩せ細っていく。こうしているあいだにも、ライバルたちは猛烈な練習を重ね、レースで確実に成果を出している。でも、俺はなにもできない。足首をガチガチにギプスで固められていたら、ぼんやりとテレビを観るくらいしかできないのである。ただただ、虚しかった。

一方、ファンからの激励には本当に勇気づけられた。これは、美談や綺麗事なんかじゃない。競輪選手に限らず、弱っているときに応援してくれる人の存在というのはとてつもなく大きいのである。自分のためだけじゃなく、「この人たちのためにも頑張らなきゃいけないな」と少しずつ活力が湧いてきた。

送られてきた手紙には、自分が描く目標を遥かに超えるような期待が書かれていた。

「復活して、もう1回タイトルを獲る姿を見せてくれ」

〝失われた2カ月間〟を取り戻すため、退院翌日からすぐさま練習に取り掛かった。もちろんいきなりハードな練習はできないから、自転車にまたがり、恐る恐るペダルを漕いだ。軽いペダリングでもまだ痛みはあったし、だいぶ無理をした感もあったが、1カ月ちょっとのトレーニングでどうにかレースを走れる状態に戻すことができた。それでも、本来のレースができるような状態ではない。

復帰はしたものの、現実は厳しい。そんな状態で走ってごまかしの利く世界ではないのだ。怪我をする前から大ギアに対応し切れていなかったことに加え、脚力の低下も顕著だった。それだけはない、長くギプスで固めていた足首は、回る角度に制限がかかっているような状態で、ペダリングがだいぶ変わってしまったのだ。

それでも、必死になって踏ん張った。選手生命を脅かすような大怪我であったことは事実だが、根性なら俺は誰にも負けない。以前までの自分をいったん捨てて、ここで「NEW佐藤慎太郎」になってやろうってわけだ。

いま動かせる足首の範囲でもっとも力が出るペダリングはどうすればいいのか？　この

状態で理想的なフォームや走り方はどのようなものか？　一歩一歩ではあるが、スランプから抜け出すきっかけを探っていった。怪我の後遺症のため、そこから2年以上もGⅠの決勝には乗れない時期が続いたが、俺は腐ってはいなかったよ。

あらためて当時のことを振り返ってみたのだけど、自転車に乗れなかった何カ月ものあいだに、俺は素直にこう思うことができた。

「競輪選手っていうのは本当に素晴らしい仕事だな」

そのときの気持ちを、俺はいまでも忘れていない。

絶望の淵《ふち》からの生還

2008年に足首の大怪我をしてから思うようなレースができなかった時期は、まさに絶望の淵にいたといっていい。「NEW佐藤慎太郎」を目指してポジティブな思いで練習してはいたものの、ストレスなくペダルを漕げない体では、まともに戦うことができないのだ。

でも、怪我をして約1年半が経過した2009年の後半あたりから、意識に変化が生まれ始めた。練習の成果もあり、タテの脚がだいぶ戻ってきたことで、追い込み選手ではありつつもレース中は自力選手のような気持ちで戦うことができるようになっていた。なぜそう思えたのかといえば、力を余したままレースを終えたくなかったからだ。もちろん、ラインとして戦う以上は、仕事をしっかりこなす必要がある。でも、レースの展開によっては、追い込み選手だって捲れるときは捲ってもいいじゃないか。

ところで、GⅠレースに出場するためには、選考基準をクリアしないといけない。各GⅠによって基準は異なるのだが、そこには賞金額、競走得点、優勝回数などが関係してくる。それだけでなく、基準となる出走回数を満たすことが最低条件だ。

俺は怪我による欠場中、出走回数が足らず、いくつかのGⅠで選考基準を満たすことができなかった。よって、当時は下のグレードであるFⅠ戦を走る機会もあった。GⅠに比べるとレベルは落ちるので、自分の脚の状態を確認するという点では意味のあるものだった。格的にはしっかりと先行選手の後ろを回れる番組に乗れていたのだが、展開が悪いなかで捲りを出して優勝することもできた。そんなふうに自力が出る状態になれば、成績も安定し始めるし、自信だって回復する。

「よし、これでまたGⅠ戦線で戦えるぞ」
翌年からまた、GⅠの出場機会が増えていった。
2010年の9月には、GⅠ・オールスター競輪が俺の地元であるいわき平競輪場で開催されることが決まっていた。あの大怪我から2年以上の時間が経過し、脚の状態も悪くない。復活を印象づけるには絶好の舞台だ。そしてなにより、地元ファンの前で元気な姿を見せたい。
開催2日目の特選シードから出走した俺は、同県の後輩・一成の頑張りもあって1着で好スタートを切ることができた。
1番車　佐藤慎太郎（福島78期）
2番車　小倉竜二（徳島77期）
3番車　山田裕仁（岐阜61期）
4番車　井上昌己（長崎86期）

5番車　諸橋《もろはし》愛《めぐむ》（新潟79期）
6番車　渡部《わたなべ》哲男《てつお》（愛媛84期）
7番車　渡邉一成（福島88期）
8番車　坂上《さかがみ》樹大《たつひろ》（石川80期）
9番車　園田《そのだ》匠《たくみ》（福岡87期）

特選シードで1着になると、2走目は9着でも準決勝行きが決まっている「シャイニングスター賞」に進むことができる。特選シードの1着は、その意味でも大きな1勝だった。

3日目のシャイニングスター賞は、同県の伏見さんとの連係だ。

1番車　海老根《えびね》恵太《けいいた》（千葉86期）
2番車　武田豊樹（茨城88期）
3番車　伏見俊昭（福島75期）
4番車　大塚《おおつか》健一郎《けんいちろう》（大分82期）
5番車　浅井《あさい》康太《こうた》（三重90期）

6番車　岩津《いわつ》裕介《ゆうすけ》（岡山87期）
7番車　平原康多（埼玉87期）
8番車　佐藤慎太郎（福島78期）
9番車　永井清史（岐阜88期）

伏見さんが前で俺が後ろを固める。まず、平原と武田さんの関東ラインが後方からレースを動かしていく。永井―浅井の中部ラインが上昇してくると、平原は浅井を弾いて永井の番手を奪った。そのとき、前団からこぼれてきた選手が邪魔になり、俺は4番手に入った伏見さんとの連結を外してしまう。それでも必死に外から追い上げた。平原が早めに番手から踏み込み、武田さんが1着で平原が2着。伏見さんは外を伸びず、内に切り込んだ俺が3着まで伸びた。ピンチを自分の力で打開できたこともあり、手応えは十分だった。

「地元3割増し（地元選手は環境面、応援、番組の優遇などが重なり、通常よりも3割アップの力が出る）」とは競輪界の定説だが、このときのいわき平のオールスター競輪では、準決勝27人のなかに福島の選手が6人も乗ることになった。

準決勝は、弟弟子の山崎と一緒だ。

1番車　佐藤慎太郎（福島78期）
2番車　市田《いちだ》佳寿浩《かずひろ》（福井76期）
3番車　井上昌己（長崎86期）
4番車　深谷知広（愛知96期）
5番車　荒井《あらい》崇博《たかひろ》（佐賀82期）
6番車　川村晃司《かわむらこうじ》（京都85期）
7番車　浅井康太（三重90期）
8番車　松坂英司《まつざかえいじ》（神奈川82期）
9番車　山崎芳仁（福島88期）

既に六度もGⅠを優勝していた山崎は、戦前の予想でもダントツのV候補だ。そして山崎は、その前評判を裏切らない強さを見せつけることになる。レースは深谷が川村を退けて先行。俺たちは勝負どころで最後方の8番手、9番手になった。最悪の展開だ……。普通なら届かない位置だが、山崎の強さは尋常ではなかった。最終の2コーナー手前から踏み込むと、ぐんぐんと自転車が進んでいく。逃げているのが深谷なのに、周囲が止まって見えるほどの加速だ。まるで化け物のような捲りだぜ。4コーナー過ぎに前団を飲み込んだ山崎がそのまま1着で華麗にゴール。俺もなんとか2着をキープして、場内には割れんばかりの歓声が鳴り響いた。このとき山崎が叩き出した、上がりタイム（ラスト200メートルのラップタイム）の「10秒5」は、いまでも破られていないバンクレコードだ。

決勝戦も俺は山崎の後ろを回った。

1番車　海老根恵太（千葉86期）
2番車　佐藤慎太郎（福島78期）
3番車　武田豊樹（茨城88期）
4番車　吉田《よしだ》敏洋《としひろ》（愛知85期）
5番車　神山雄一郎（栃木61期）
6番車　佐々木《ささき》雄一《ゆういち》（福島83期）
7番車　大塚健一郎（大分82期）

8番車　石毛克幸《いしげかつゆき》（千葉84期）
9番車　山崎芳仁（福島88期）

号砲と同時に俺たちは前を取った。勝負が動く残り2周で海老根が山崎を抑えに来た。山崎がやり合わずに下げると、今度は武田さんが山崎の外並走から前に出る。さらにその上を吉田―大塚が叩いて先行態勢に入った。他の3つのラインが順番に動き、山崎は7番手に置かれた。

普通なら絶体絶命の展開のようだが、このときの山崎はまさに〝4回転モンスター〟だった。最終ホームを過ぎてから踏み出すと、3番手から先に捲った武田さんの上を難なく乗り越えていく。必死に食らいついた俺も2着で表彰台に乗り、久々にGⅠで存在感を示すことができた。地元ワンツーという結果に、いわき平競輪場のお客さんも凄く喜んでくれたよな。最終バックで山崎がぐんぐん加速していくときの大歓声は、いまでも鮮明に耳に残っている。

俺は優勝には届かなかったけれど、地元GⅠでの準優勝という結果は、これまで味わっていた苦労や屈辱を洗い流すには十分だった。そして、苦しいときに支えてくれた人たちを、少し安心させることができただろう。

俺はこの年、絶望の淵から完全に立ち直り、翌年は4年振りにS級S班に返り咲くことができたのだった。

人生、ときには大博打も必要

実際にプロの競輪選手になってからは、人生すべてが競輪を中心に回ってきた。曲がることなく一本の道を突き進んできたはずなのに、こうして振り返ってみると、なかなか波《は》瀾万丈《らんばんじょう》でもある。

ようやく大怪我から立ち直ったと思えば、翌年の2011年には東日本大震災が起きて身の回りの環境が激変した。その環境に慣れてくると今度は、2014年の選手会騒動(この当時は競輪の売上減少に歯止めがかからず、年金、退職金の制度が破綻しかかっていた。負担の大きかった一流選手23人が変革を訴えて新選手会を設立。旧選手会と真っ向から対立し、除名処分にまで発展することに。最後は新選手会が折れるかたちになり、当該選手たちは、3カ月から12カ月の出場停止処分が下された)で俺は3カ月の戦線離脱を余儀なくされた。

2015年にはギア規制がかかり、空前の大ギアブームは終わりを告げるのだが、それでもなかなか満足のいく結果を残すことができなかった。結局、2018年頃までは単発でGIの決勝に乗ることがあっても、1年を通して好調が続かないという悩ましい時期が続いたのだった。

もちろん、俺は自他ともに認める練習の鬼だ。練習で手抜きしたことはない。そして、くるぶしの大怪我以降は、そこまで大きな怪我に見舞われることもなかった。

「これほどやっているのに、なぜだ？　これが俺の限界か……？」

モヤモヤした気分のまま、数年間が過ぎていった。そして2016年にはいよいよ、不惑を迎えるのだった。

この頃、ナショナルチームでも活躍していた同県の後輩・新田（祐大）が全盛期に突入していた。強い自力選手の後ろの位置は競輪において絶対的に有利だし、普通なら安心して前を任せるのだが、新田はちょっと次元が違った。あまりに凄過ぎて、俺を含めた追い込み選手が、ついていけないことも出てきたのだ。

トレーニングが科学的なものになってきたこともあるが、特に新田はナショナルチーム独自の練習の成果で、あきらかに爆発的な脚力を手に入れていた。

どうしても力の差が埋まらない新田についていくには、どうしたらいいのか？　俺はその答えを必死になって探していた。少々のタイム差なんて練習と技術でどうにかなるものだと思っていたし、それまでは実践できていた。でも、この頃の新田の強さといったら、いままで通りにやっていたら、「量を増やしたところで差は広がる一方」だと恐怖すら感じた。１日のきついトレーニングを終えて自宅で寝ていると、何度も何度も新田が夢に出てくるほどだった。俺は新田の後ろで必死にペダルを漕いでいる。でも、漕いでも漕いでも自転車が進んでいかない……。そんな夢を何度見たか分からない。


新田のスピードはワールドクラスだ。そこで俺は考えた。

「なら、世界のトップレーサーに相談すればいいじゃねえか」

そこで、かつて国際競輪で親交のあったテオ・ボスや、デニス・ドミトリエフからトレーニング方法を教えてもらうことにしたのだが、それらは自分が過去にやってきたものとは１８０度方向性が違うものだった。

新たな知識を自分のなかに入れたからといって、それまでのトレーニング方法や練習方法を変えるには相当な勇気がいる。俺のなかでは低迷期ではあるが、競輪界全体で見れば上位でそれなりに戦えていたわけだし、勝てないわけでもなかったからだ。それをガラリと変えてしまうのは、まさに大博打だ。

以前であれば、午前中にバンクに行くと、先行の練習をしている選手の上を捲ってみたり、競輪競走をベースに考えた実戦に近い練習をしたりしていた。ところが彼らが提案してきたメニューは、日本の競輪競走なんてお構いなしなのである。とにもかくにも、「個の力」「脚力」を高めるものばかりだった。

ウエイトトレーニングは出力を上げるためのものがベースとなり、自転車を使ったトレーニングでは、もの凄く重たいギアを使い、パワーならパワー、回転なら回転とメリハリをつけて練習するイメージだ。

「確かに力はつきそうだけど、これって競輪で使えるのかよ？」

長年、日本の競輪選手としての練習に染まっていた俺からすると、疑問に感じるような内容ばかりだった。

それでも、理想の結果が出ていなかった俺は、その方法にすがってみることにした。その効果は、開始から約半年くらいではっきりと表れた。新田の先行や捲りにも問題なくついていけるようになって、「信じて問題ないんだ」と確信することができたのだ。個人的なタイムも伸びたし、「俺はまだまだ強くなれるんだ」と希望を抱くことができた。

俺がそのとき学んだのは、自分が持っている常識なんて意地になって守るべきじゃないということだった。いままであたりまえだと信じて疑わなかったことや、常識だと思っていたことは、すべてが正解というわけではない。どんどん新しいものを柔軟に取り入れて、いろいろなものを試していったほうが、人生に実りを与えてくれる。

しかし、注意点もある。ものごとがうまくいかないときに新しいことを試すのは誰でもできる。けれど、ある程度うまくいってるときに違うことを試すのは本当に勇気がいる。それができるかは、いわゆる〝戻れる場所〟があるかどうかだろう。

戻れる場所があれば、新たなことにトライしてうまくいかなければ以前のかたちに戻せばいい。つまり、新たなトライの意味を理解し、実際に変化させていることがなにかを十分に理解してさえいれば、いつだってチャレンジすることができるということだ。

43歳1カ月でのKEIRINグランプリ優勝

新しいトレーニングが自分のものとなり、2018年の後半から目に見えて成績が向上した。GI戦でも、1着こそ少なかったが、ほとんど3連対（3着以内）を外さなくなるなど安定感が出てきたのだ。

2019年に入るとさらに安定度を増し、GI、GⅡでそれぞれ二度ずつ決勝に乗ることができた。そして、2006年以来、13年振りにKEIRINグランプリへの出場権を摑《つか》み取ったのだった。

まさに、競輪人生二度目のピークである。このとき俺は、既に43歳になっていた。

2003年から数年間に及ぶ第一次ピーク期のときは、「いつでもタイトルを獲れるし、しばらくは強いままでいられる。チャンスは何度だって来るだろう」と思っていた。強気でポジティブな感情ではあるけれど、少し油断や慢心があったことは認めざるを得ない。でも、この2回目のピークは、もうあとがない状況だ。「チャンスはもういましかない」と心底思えたことで、目の前のレースを集中して走ることができた。そして、レースに臨むために、1日1日を後悔なく過ごすことができた。1回目のピークに比べて、遥かに充実していた。

ただ、あとがない状況だから、決して楽しいわけではない。でも、苦しくなく、つらくもないという、なんだか不思議な感覚だった。

43歳にもなれば、若い頃とは比べものにならないくらいに、人間的に成長している。「レースに勝ちたい」という思いはいつだって同じだが、それ以上に、「自分のベストを、持てる力をすべて出し切りたい」という成熟した考えになっていた。要するに、負けたとしても、「力を出し切ったのなら仕方ない」という潔さが身についたのだと思う。だってそうだろ？　やれることをすべてやって負けたのなら、それはもう仕方のないことだからさ。

少し難しい表現になるけれど、若い頃は「勝つことだけが目的」になっていた。でも、この2回目のピークのときは「勝つことが目標で、全力でやり切ることが目的」になったという感じだった。

そんな充実した状態で、13年振りのKEIRINグランプリを迎えたのだった。

前検日の検車場で、先輩の内藤宣彦《ないとうのぶひこ》さん（秋田67期）から、「慎太郎、おまえ新田についていけば2着はあるな」といわれた。同県の後輩・新田（祐大）もKEIRINグランプリ出場を決めていて、俺は新田の番手を走ることになっていたからだ。内藤さんに対して、「じゃあ、俺が勝つ確率は何パーセントぐらいありますかね？」と聞くと、内藤さんはしばらく考えてこういった。「うーん、3パーセントとか4パーセントぐらいじゃねえか？」。内藤さんは半分本気、半分冗談のつもりだったはずだが、俺も「まあそれくらいだろうな」って納得してしまったぜ。それだけ、あのときの新田は強かったからだ。

新田にピタリと追走していくには、最初のダッシュに猛烈な集中力を要するし、うまく踏み出しについていけたとしても、かなり脚を消耗してしまう。ゴール前で抜くのは至難の業だ。それどころか、ここはKEIRINグランプリという最高峰の舞台だ。いつものレース以上に力も入り、独特な緊張感だってある。「新田が頑張ってくれたとしても、追い込み選手としての仕事をちゃんとできっかな……？」なんて不安になっていた。

同じ場にいた岡部（芳幸）さんには、「俺、こんなところ走っちゃっていいんですかね？」と弱音を吐いたことを覚えている。岡部さんは、「こうしてグランプリに出ることができたのだから、優勝するつもりでやればいいんだよ」と、〝先輩らしい〟ことをいってくれた。ここぞというときに力をくれたことに感謝しているし、岡部さんの背中が大きく見えたよ。

そして俺は、自分にテーマを課した。

「勝ち負けの前に、まず新田に迷惑をかけないよう、ラインとして機能させること」

自分にとっても新田にとっても、それが最善の策だと思ったからだ。

ここまで、やれることはすべてやってきたし、結果は神のみぞ知るだ。いまさらいいところを見せようとか、かっこつけようなんて思ったところでどうにもならないじゃねえか。「なるようになれ」と開き直るしかなかった。ただ、こんな大舞台で新田にちぎれることだけは、追い込み屋としてのプライドが許さない。その気持ちだけは強かった。

ＫＥＩＲＩＮグランプリ本番が行われる立川競輪場《たちかわけいりんじょう》の冬は風が強く、体感温度が実際の気温よりもかなり低く感じられる。バンクがとても重たく感じるうえに、４００メートルバンクのなかでは、直線部分が長い。４コーナーを回ってもなかなかゴールが来ないため、先行選手にとっては過酷な環境といえる。もちろん、追い込み選手にとっても、目標とする選手から少しでも離れてしまうことは命取りになりかねない。

12月30日は、競輪が1年間でもっとも注目される日だ。スポーツ新聞各紙も競輪が一面を占拠する。久々に立つ大舞台。約2万人の溢れんばかりのお客さんが、隙間なく場内を埋め尽くしていた。顔見せに出ていった時点で、場内のボルテージが一気に上がった。

ただ、俺は浮き足立っていなかった。その状況を冷静に見つつ、静かに集中していた。自分自身を俯瞰《ふかん》して見ることもできていた。

新田との作戦会議は短かった。俺の作戦というよりは、新田がどんなレースをしたいかを中心に考えたからだ。「号砲が鳴って前を取れたら前攻めから（新田は基本的に前攻めから組み立てるレースを得意としていた）。他のラインが早めに上昇してくれれば、引いてから巻き返す。上昇が遅ければ、出させないように突っ張って先行することもあり」。この程度のものだった。

そして、大舞台は幕を開ける。

1番車　中川誠一郎《なかがわせいいちろう》（熊本85期）
2番車　松浦悠士《まつうらゆうじ》（広島98期）
3番車　脇本雄太（福井94期）
4番車　佐藤慎太郎（福島78期）
5番車　清水裕友《しみずひろと》（山口105期）
6番車　郡司浩平（神奈川99期）
7番車　新田祐大（福島90期）
8番車　平原康多（埼玉87期）
9番車　村上博幸《むらかみひろゆき》（京都86期）

号砲が鳴り、新田は宣言通りにスタートで前を取った。俺たちの後ろには清水―松浦の中国ゴールデンコンビがいて、中団には単騎の平原がいて、そこに中川が続いた。新田と人気を2分していた脇本は村上を引き連れて7番手で虎視眈々《こしたんたん》と様子をうかがっている。最後尾には、オールラウンダーな戦いができる単騎の郡司がいた。

ペースが上がってくる赤板（残り2周）になっても、隊列に動きがない。ようやく脇本が動いたのが、打鐘前の2コーナーだった。

「ここまで後ろからの動きがなかったら、新田は突っ張るだろう」

俺はそんなことを考えながら、新田の踏み出しに集中していた。

脇本の仕掛けに合わせるように、俺のすぐ後ろから清水も出てきた。そして、新田も一気にトップギアに入れた。俺は清水に割り込まれないようにと、必死で新田に食らいついていく。それでも脇本が超人的なスピードで俺たちを飲み込もうとしていた。そこで新田が取ったのは、作戦にはなかったイン粘り（脇本の番手に飛びつき村上に競り掛けるという、自力選手の新田にとっては奇襲作戦）だった。

「これは新田が脇本の番手を取り切る！」

俺は長年の経験から、確信を得た。2コーナーで新田が村上から番手を取り切ったとき、「新田の優勝だ」とさえ思った。そんなことを考えられるくらいに、とにかく俺は冷静だったのである。

新田の勝利を確信したら、考えることは3つだ。新田にしっかり追走していくこと、後ろからの反撃があればブロックすること、そして最後は、ゴール直前で自分がどのコースを踏んで2着をキープするかということだ。

「新田が勝つなら、同県の俺が2着のほうがファンも喜んでくれるだろう」

そんな考えすら頭に浮かんでいた。

「おそらく最後、新田は外を伸びていくだろうから、俺は内しかない！」

3コーナーくらいから新田は、脇本の後ろから番手捲りを放つ。しかし、脇本が強靭な粘りを見せ、新田と脇本がもがき合うかたちで4コーナーを回った。俺は、想定通り内へと切り込んでいく。尋常ではない粘りを見せる脇本はまだあきらめない。

4コーナーからは無我夢中で、渾身の力をペダルに込めた。

ゴール線は目の前だ！　最後の最後まで力を振り絞ってハンドルを投げた。脇本もギリギリまで粘っていたから、ゴールの瞬間は、「あれ？　これは新田じゃなくて脇本の優勝か？」と思った。

ゴール後、その勢いのまま自転車を走らせた。まだはっきりした着順は分からない。立川はバックストレッチに選手控え室のある建物があるので、お客さんがいない。そのため、2コーナーで急にシーンと静寂が訪れるという特徴がある。でも、3コーナーに差し掛かると、またもの凄い歓声が聞こえてくる。その歓声の前、一瞬の静寂のときに、確かにまた〝あの声〟が聞こえた。

2019年12月30日の立川競輪場。前を任せた新田祐大の大健闘もあり、ついに摑んだ
KEIRINグランプリの優勝（本人4番車）。名実共に、競輪界の頂点に立った瞬間だ

2003年11月に高知競輪場で行われた読売新聞社杯全日本選抜競輪を勝ったとき、俺に「慎太郎！　弥彦の悔しさを思い出せ！」と激を飛ばしてくれたファンの声だ。

「慎太郎！　慎太郎！　慎太郎！」

他になにをいうでもなく、俺の名前だけを叫んでいた。

「えっ？　俺？」

場内の大ビジョンに目をやると、大写しで俺が抜かれていた。

そこで初めて自分の勝利を知り、4コーナーでようやく拳を上げることができた。

いま振り返っても、あまりに不思議な出来事だった。約2万人が詰めかけていた立川競輪場のあの大歓声のなかで、そのおっちゃんの声だけが俺の耳に届いていたのだった。

敢闘門に引き揚げると、新田が満面の笑みで俺に抱きついてきた。まるで自分が勝ったかのように喜んでくれて、最高に嬉しかったし、感動したぜ。

そして優勝直後のインタビューで、俺はこんなことをいっている。

「信じられないね、自分でも。お客さんが（ゴール後に）『慎太郎だぞ！』っていってくれていた」

〝神の声〟を持つおっちゃんにも最高の恩返しができたと同時に、俺は令和最初のＫＥＩ

超満員の観客に向けてヘルメットを投げ入れる。43歳1カ月でのKEIRINグランプリ優勝は、2011年に43歳5カ月で優勝した山口幸二氏に次ぐ、歴代2位の高齢優勝記録

ＲＩＮグランプリ覇者となった。そして、普段は2着が多くて脇役のイメージが強い俺だけど、このときだけは主役になることができた。

調子に乗った俺は、こんなこともしゃべっている。

「全国20万人の佐藤慎太郎ファンのみなさん、応援ありがとうございました！」

冗談抜きで、長く応援してくれたファンのみなさん、支えてくれた両親や家族、そして北日本の選手たちには、感謝しかなかった。

43歳1カ月でのＫＥＩＲＩＮグランプリ優勝は、山口幸二さんの43歳5カ月に次ぐ、歴代2位の高齢優勝記録だ。それまで、ＧⅠ優勝が1回、ＧⅡ優勝が2回だった43歳の俺が、まさかこのタイミングでグランプリを獲り、初の賞金王に輝くとは自分でも驚いた。でも、それが競輪であり、競輪の面白さだよな。

そして俺は、競輪界の頂に立ったのだった。

4

心と体に限界はない

俺の1日ルーティン

最終章となる第4章では、俺がどのようにしてこの競輪界で戦える体をつくり、折れない心を維持しているかについて書いていきたい。

まずは、時間に沿ってトレーニングや食生活を追ってみる。レースがない、とある練習日の1日のスケジュールを参考にしながら紹介していく。

●6時50分【起床】

体に痛いところはないか、筋肉の張りはどうか、疲労感はないかなど、体と会話しながら全身をくまなくチェックする。そして、サプリメント（グルタミン5グラム、EAA5グラム、BCAA5グラム）を摂取して1日が始まる。

●7時20分【朝食】

朝食メニューは、ベーグル1個、フルーツ、コーヒー1杯。そこに、サプリメント（ホエイプロテイン20グラム、マルチビタミン適量）を追加する。

起きてすぐ、そして朝食でもサプリメントを摂取するのは、普段の食事で摂取しにくい、または、寝ているあいだに消耗した栄養素やエネルギーを補うためだ。それらをしっかり補うことで、ハードな練習に耐えながら、1日を全力で過ごすための準備ができる。朝飯は軽めで、糖質、タンパク質、ビタミンのバランスを大事にしている。

食事は妻が用意してくれるのだけど、彼女はけっこうな食わせたがりだ。俺の体のことを本気で考えてくれて、日によっては朝から複数の皿が食卓に並ぶこともあるのだけど、ちょっとずつつまむようにして、量はあまり食べないように心掛けている。もちろん食べたい気持ちはあるけれど、ほどほどにしないとな。

朝食が終わってからは、いよいよトレーニング開始だ。ウエイトトレーニングは、自宅のトレーニングルームにもレッグプレスがあるので、家で済ませることもある。しかし、この日は愛車を走らせ、いつも使っているトレーニングジムに向かった。競輪界には、「練習が仕事でレースは集金」という言葉があるのだが、どれだけ練習できるかが、競輪選手として活躍するすべてといっていいと思う。

若い頃は1日の締めくくりにウエイトトレーニングを入れていたが、筋肉疲労を残さないためにも、いまは午前中にやるようになった。

●9時～10時30分【ウエイトトレーニング】
・フルスクワット60キログラム10回
・フルスクワット100キログラム6回
・ハーフスクワット120キログラム3回
・ハーフスクワット150キログラム3回×8セット
・ハーフスクワット140キログラム×2回
・ブルガリアンスクワット左右30キログラム（合計60キログラム）6回×3セット

これはあくまでも一例であって、ウエイトトレーニングのメニューは目的によって変えていく。ここで書いたのは、スピード強化を意識したもので、爆発的に速くバーベルを上げるトレーニングだ。低重量のフルスクワットから開始して、徐々に重量を上げていく流れである。

どんなウエイトトレーニングでもそうだが、ただやるのでは意味がない。刺激を入れている部位に意識を集中させることがなによりも大切だ。自分の体と対話するようにやることで、筋肉の成長スピードや、筋肉の反応がよくなることは科学的にも証明されている。

ウエイトトレーニングの前後も、サプリメントの摂取は欠かさない。

開始前にＢＣＡＡ（人間の体内では生成できない必須アミノ酸）を5グラム摂取し、終了後はＥＡＡを10グラム、グルタミンを5グラム、クレアチンを5グラム摂取する。

ウエイトトレーニングの前後にサプリを摂取するのは、効果的に筋力アップができることと、回復効率がよくなるからだ。もちろんサプリメントの種類も、そのときの体調によって変化させることもある。

●11時30分【昼食】

昼食メニューは、マグロ丼、キヌアのサラダ、アボカド半分。

ウエイトトレーニングで体をいじめたあとの食事は重要なので、筋肉のために、様々な食材から多くの栄養を摂るようにしている。タンパク質を摂るのに鶏ささみだけ食べていればいいわけではないので、この日はマグロ丼を食べた。キヌアは必須アミノ酸が摂れるだけでなく、鉄分やカルシウムも豊富なので、まさにスーパーフードだ。キヌアのサラダは積極的に食べるようにしている。

食後には、ホエイプロテイン30グラムを摂取。

ウエイトトレーニングをしたあとは、やはり栄養補給が欠かせない。よって、それなりの量を食べることになる。また、ウエイトトレーニングの最中にも、BCAAは摂るようにしている。フルーツや干し芋なんかもよく食べる食材だ。ただし、自転車を使ったバイク誘導とかダッシュ系のトレーニングの前に食べ過ぎてしまうと、腹が重くていい練習ができなくなってしまうので注意している。

さらに注意したいのは、急激に血糖値を上げないことだ。おにぎりやパンは腹持ちもよくていいのだけど、一方で、一気に血糖値を上げてしまうため、その後のパフォーマンスが落ちてしまう。だから、白米ではなくバナナを食べることも多い。干し芋もいい。繊維も多いし、長くエネルギーとして持ってくれる。

●12時30分【昼寝】
昼食の後の昼寝は欠かさない。自宅でシャワーを浴びて、ベッドで横になる。質の高い休息を取ることで、体のダメージを回復させ、頭と体を一度リセットするのだ。そうすることで、午後の練習の集中力も途切れないで済む。そして1時間くらい寝たら、目覚めのコーヒーをしばくのがマストだ。頭をすっきりさせて、再び車に乗って午後のトレーニングに向かう。

●14時30分【バンク・街道練習】

昼寝が終わったら、ここからようやく自転車にまたがる。ロードレーサーに乗ってバンクで20分間ウォーミングアップしたら、競輪用の自転車（ピスト）に乗り換えてバンクを走る。

バンクでのメニューもそのときの調子によって変えていくが、この日はシッティングダッシュ（立ち漕ぎをせず、サドルに尻をつけた状態でするダッシュ練習）を500メートル×4本行った。

競輪のレースでは4倍弱のギアを使うが、この日のトレーニングは6倍のギアを掛けた。つまり、レースよりも1・5倍重いことになる。もの凄く重たいギアなわけだけど、大ギアを使って低速からダッシュしていくのは、自転車を使ってウエイトトレーニングをしている感じだ。日によっては、脚の回転力を上げる目的で、軽いギアを使って下り坂をもがくこともある。

もちろん、練習仲間とレースを想定したような練習もするし、競りのテクニックを磨くような練習をすることもある。競輪は年中開催していてオフがないため、ベストな状態を長く続けることは誰だって難しい。だから、その時々の課題を解決するような練習を取り入れていくことになる。

●16時【ウエイトトレーニング】

自転車を降りたら、次は近くの公園に移動して再びウエイトトレーニングだ。ウエイトトレーニングというよりは、筋トレといったほうが表現は近いかな。

・ハンギングレッグレイズ15回×3セット
・懸垂10回×3セット

この日は腹斜筋と背筋に刺激を入れるメニューを取り入れた。「競輪選手なのだから脚だけを鍛えていればいいんじゃねえか？」という考えは俺にはない。全身の筋肉をくまな

その鋼のような筋肉は、日々の過酷なトレーニングによってつくられる。脚だけでなく、全身を鍛えることで出力を最大限まで引き上げ、輪界の猛者たちとの戦いに挑む

く鍛えることが〝慎太郎流〟ということだ。筋トレ後は、再びプロテインとサプリメントを摂取する（ホエイプロテイン30グラム、クレアチン5グラム）。

●18時～23時【帰宅～就寝】

自宅に戻ってもまだ1日は終わらない。意外とやることがあって慌ただしいのだ。帰宅後はすぐ風呂に入って体を温め、トレーニングで痛めつけられた筋肉の修復、再生だ。

この日の夕食は、タイカレー、タイ風パパイヤサラダ、タンドリーチキン200グラムとマンゴー1個を食べた。妻がいろいろと栄養を考えてくれるから、本当に感謝している。食後は娘を塾まで迎えにいく。わずかな時間であっても娘とのコミュニケーションも大切だ。俺にとってこの時間はとても貴重で、最近は麻雀の話なんかもできるようになったぜ。さすがは俺の娘だ。

20時30分くらいになると、その日に各地の競輪場で行われたレースのダイジェスト映像を観る。競輪選手は肉体を鍛えることも重要だが、頭を使う必要もある。脚力だけで勝てるほど競輪は甘くないのだから、気になる選手の走りを頭に叩き込んでおくことは必要不可欠なことだと思っている。ダイジェスト映像では、ライバル選手の動きに自分の動きを重ねながら見ることで、勝つために必要な情報が蓄積されていく。もちろん、一緒にラインを組むことが多い、北日本の選手の走りもチェックする。

21時30分くらいからは、体のストレッチに入る。風呂に入って夕食を食べたからといって、疲労が完全に抜けることなどあり得ないからだ。体の柔軟性を出すこと、そして疲労を明日に残さないためにも、約30分のストレッチは侮れない。痛みがある箇所は特に徹底するが、体の隅々まで丁寧にストレッチを行う。

22時になると夜食の時間だ。この日は、100グラムの馬刺しと、無糖ヨーグルト、ビーツスムージー（ビーツ、バナナ、牛乳）を腹に入れた。これで1日のエネルギー補給は終了だ。

朝昼晩とメニューを書いたが、食生活は規則正しく1日3食というわけではない。ハードなトレーニングのために、いつもなんらかの栄養を補給しておくという感覚で、ちょこちょこ食べるような感じだ。管理栄養士から栄養指導を受けたことはないにせよ、食に関する研究は怠らないようにしている。インターネットや競輪選手から情報収集をしたり、ボディービルの雑誌を読んだりと、自己流だが常に研究はしているよ。

食に関することだと、俺はよくSNSに日本酒を飲む動画や、ラーメンの写真をアップすることがある。それだけを目にすると、「なんだ、慎太郎は選手のくせして暴飲暴食してるじゃねえか」と思っている人も多いだろう。

でも実は、自宅で酒を飲むのは、週に1回くらいしかない。飲み終わったあとは、「酒を飲んで申し訳ない。飲み過ぎないようにするよ」と筋肉に〝謝罪〟しながら、自分で筋肉マッサージをしている。筋肉には申し訳ないのだけど、たまの晩酌は許してくれということだ。

ラーメンは大好物で、疲労が蓄積されてくると、どうしてもジャンクなものが食べたくなってしまう。ただ、これも滅多に食べないし、店の人に頼んで麺の量を半分にしてもらうことなんかもある。きつい練習に耐えたご褒美みたいなものだと思ってほしい。

もうひとつ、ご褒美にしているのがようかんとか大福といった甘いものだ。だけど、血糖値が急上昇するから、練習前に食べると眠くなっちまう。よって、どうしても食べたい日は、練習を終えたあと、コンビニエンスストアやスーパーに寄って、帰宅する前に買い食いするんだ。

とはいえ、息抜き程度のご褒美ならかわいいものだよな。基本的に日々の食生活は、筋肉にとってメリットがあるのか、デメリットはないのかを基準に考えている。すべては筋肉のため、競輪のためというわけだ。


甘いものの話でつけ加えておくと、実は一番の好物はシュークリームなんだ。ただ、市販のものは油や砂糖が多過ぎる。糖分過多になるし体に悪い油分が多いから、まず食べないようにしている。

あるとき、あまりに疲れていて、どうしようもなくシュークリームが食べたくなった。そこで俺は、「糖分を抑えて油も使わないようにすればいいじゃねえか」と考え、自分で天然由来の甘味料を使ってカスタードクリームをつくってみた。筋肉のことを考慮して、少しだけプロテインまで入れたぜ。どうだ、涙ぐましい努力じゃねえか？　味は、まずまずだった。

俺にはささやかな夢がある。それは、シュークリームをたらふく食いながら、1日中麻雀を打つことだ。一般の職業に就いていれば簡単に実現できる夢ではあるのだけど、現役でいるあいだは我慢しておこう。

なんだかんだと、1日のルーティンを書いてきたが、22時30分くらいになると歯を磨いてベッドに入る。寝つくまでは、スマートフォンをいじったり、本を読んだりする自由な時間というわけだ。

SNSにメッセージを書き込むのも、たいていはこの時間だ。ただ、SNSもいいことばかりじゃない。アンチコメントを見つけると、せっかくのリラックスタイムを邪魔されたような気分になってイライラすることもある。それもまたスポーツ選手の宿命だけど、選手の努力も少しだけ分かってほしい気もするな。

1日の終わりには、〝決まり文句〟を投稿してファンにおやすみの挨拶だ。

「寝る！　ガハハ」

質より量の昭和的な練習を経て

ここまでにも書いてきたように、時代の流れとともに競輪は進化し続けている。自転車やレーサーシューズだって規定された条件のなかで新しいものが出てくるし、俺もたくさん摂取しているサプリメントだって体をつくる武器のひとつだ。選手が出すタイムだって速くなっている。そんななかポツンと置いていかれないためには、並大抵のトレーニングではダメだ。ここ数年の自分はというと、こんな目標を掲げてきた。

①一瞬一瞬を大事にして、一本一本のレースに最大出力を放つ
②定説を覆す人間でいる
③やれることをすべてやる1年にする

いつだって、変化や進化を止めてはいけない。第3章にも書いたように、交流のあった外国人選手たちから聞いた練習方法を積極的に取り入れることで、新田（祐大）のダッシュにも食らいつけるようになった。そして、ナショナルチームの練習に参加させてもらい、

自分の限界の幅は格段に広がった。何度もトライアル&エラーを繰り返しながら、自分の意識もトレーニング方法も変えてきた。そのようにして、俺は戦える肉体を維持している。

とはいえ、この本のタイトルにもあるように、「限界は気のせい」だとしても、さすがに40代後半になった体をアップデートさせることは簡単なことではない。トレーニングに手を抜かず、万全の準備をしてレースに向かっても、そう簡単には勝たせてもらえなくなったことも痛いほど実感している。ただ、「負けてたまるか!」という悔しさがある限り、俺は何度でも心と体を奮い立たせて、トレーニングに向き合える。

過去を振り返ってみると、若い頃は尋常ではない練習量だった。まさに、「質より量」という昭和的な練習だったわけだけど、やればやるほどレベルアップできた。若さゆえといえばそれまでだが、「俺は強くなっている」という実感を日々得ることができた。あきれるくらいに練習した。早朝、午前、午後、夜の「4部練習」なんてあたりまえだったぜ。

朝の5時から街道練習に出て、50キロメートルの距離を走ることが、朝食前のメニューだ。9時頃からは、練習グループの仲間とバンクや街道で必死になってもがいた。いまは取り入れる選手は減ってきているのだけど、当時は車誘導（一般道で車に先導してもらい、その後ろを走りながら高速回転でもがく練習。車を風よけにできるため、自力では不可能な時速80キロ〜90キロのスピードを出すことが可能になる）も常識だったから、午前中にはダッシュ系のトレーニングはすべて済ませていた。

昼食のあとは、長い距離を走る山登りトレーニングで持久系を鍛えた。そして夕方に戻って夕食を終えたら、自宅でのウエイトトレーニングで締めくくるという具合だ。朝5時から夜9時まで練習しっぱなしである。休憩は飯を食う時間だけという、ちょっといかれた練習量だった。そもそも俺には、「休むことは悪」という概念があった。

もちろん、そんな無謀な練習は若かったからできたことである。それこそ、「どこまで自分の体をいじめることができるか」という思いだった。初めてGIタイトルを獲った2003年頃までは、そんな練習をあたりまえのようにやっていた。

もちろん、レースに行く前にはオーバーワークにならないように調整を入れていた。レース直前は軽めの練習にして、レース翌日は完全休養だ。1日休めば完全に体がフレッシュな状態に戻っていて、またすぐに苦しい練習をやることができた。

若い頃の回復力というのは本当に凄かった。

気合と根性でタイトル1本は獲れる

しかし、30歳くらいになって、いきなり体に変化を感じ始めた。がむしゃらにトレーニングをしてしまうと、レースに行っても疲労感が抜けないままの状態になったのだ。根性だけは負けない俺でも、さすがにそれまでと同様の練習方法では体がもたないと判断した。そこで、乗り込み練習の量を減らすことにした。

さらには、GⅠレースの常連になって、持久系のトレーニングよりもスプリント力を高める重要性を感じるようになった。すると、量よりも質を高める必要が出てくる。ただ長い距離を乗るのではなく、短い距離で出力を出し切る練習だ。同じ街道練習を行うにしても、2時間一定のペースで行っていたものを、ハイペースで40分〜1時間くらいをやる効率的なやり方に変えていった。

それでも、当時の練習は、およそ科学的や理論的だったとはいえないだろう。量にしてもメニュー内容にしても、自分の感覚だけが頼りだったからだ。1本もがいてみて、「これだけ苦しいからいいトレーニングだ」という感じで判断するしかなかったのである。若い頃の自分にこういってやりたい。「おい慎太郎、もうちょっと科学的にやったら、もっともっと強くなるぞ」って。

いまになって振り返れば、持久力強化のためにやっていたメニューが実はそうではなかったとか、ダッシュ力強化のためにやっていたものが実は効果的じゃなかったなんてことはたくさんある。ただ、そこで重要なのは、若い頃に無理したことは、たとえ間違った練習方法であっても無駄にはならないということだ。

そこで俺は、声を大にしていいたい。

「気合と根性さえあれば、GIタイトルを1本は獲れる」

ただしもちろん、想像を絶するような練習量があってこそだ。普通じゃダメで、異常なまでの練習量をこなす気合と根性があってはじめて、GIタイトルを手中に収めることができる。

天才的なセンスがあれば別の話だが、俺のような並の選手なら、この言葉を心に刻んでほしい。それは真実であり、俺は本当に心からそう思っている。

話を戻すが、30歳の手前でくるぶしの大怪我があってからは、さらに質を追求するようになった。しっかりと体と向き合い、いろいろなことを勉強するようになった。「いつもっと酷い怪我をして、競輪選手をやめることになるか分からない……」。そんな気持ちをリアルに味わったことで、本当に1日1日を無駄に過ごしたくないと感じた。「俺には気合と根性だけはある。そこに科学的なことや理論的なことをプラスしていかないと、あっという間に蹴落とされてしまう」。そんなふうに、考え方が変わっていったのだった。

若いうちは頑固でいい

むかしの競輪選手は、「誰々さんはこういう練習をやっていた」「誰々さんはこういうメニューを組んでいる」という選手間の情報をベースにして自分の練習方法を決めていた。俺もその時代を経験しているのだけど、年齢を重ねるなかで、そのときの練習メニューに対して少し疑問を抱くようになった。「果たしてこの練習で自分の強化したい部分に効果があるのか？」と信じ切れない部分が出てくるわけだ。そう、自我が出始めるのだ。

福島に斑目秀雄《まだらめひでお》さん（福島24期、1998年4月2日引退）という大先輩がいる。直属の弟子が岡部（芳幸）さん、伏見（俊昭）さん、新田（祐大）。この顔ぶれを見ただけでも、いかに名伯楽か分かるだろう。

斑目さんは、1964年の東京オリンピックに自転車競技（タンデム）で出場し、競輪選手を引退した後は、自転車競技の指導者になった。2000年のシドニーオリンピックでは全日本の監督を務め、2004年のアテネオリンピックでは、監督ゲイリー・ウエスト（オーストラリア出身で、日本やアメリカの代表監督を務めた。アテネオリンピックでは、伏見俊昭、長塚智広《ながつかともひろ》、井上昌己が出場したチームスプリントを銀メダルに導いた）の下でコーチを務めた。

俺は2004年頃、斑目さんから、ゲイリーが作成したクリス・ホイ（元英国代表選手でシドニーからロンドンまで4大会連続でオリンピックに出場。合計6個の金メダルを獲得）の練習メニューを見せてもらう機会に恵まれた。それらは、いまではメジャーになっているトレーニング法なのだけど、当時は「こんなんで大丈夫なのか？」と疑問に思うような内容だった。とてもじゃないけど競輪競走につながる内容とは思えず、俺流にアレンジして練習に少し取り入れる程度にとどめた。

その頃の俺はダッシュ力もあり、誰かの後ろについてちぎれるという恐怖を知らなかったので、頭で100パーセント理解できないトレーニング方法を取り入れるという考えがなかった。ウエイトトレーニングに関しても、むかしは出力を上げるために単純に筋肉をデカくするためのものと思っていた。でも、そんなレベルで考えているようでは、世界基準の理論的なトレーニング法を理解できなくて当然だよな。

そもそも俺は、師匠である添田さん以外の人にいわれたトレーニングをするのが好きじゃなかった。人がやっていることに興味はあるからいったんは聞いてみるものの、心から納得したものでない限り、新たに取り入れることをしなかったのである。

以前、スポンサー企業の関係で、専属トレーナーを3カ月ほどつけたことがあった。そのトレーナーは人間的にはよかったのだけど、自転車競技は未経験だったため、「競輪に使う筋肉をちゃんと分かっているのかな？　俺のほうが詳しくねえか？」という感じで、結局、素直にいうことを聞くことができなかった。俺は根っからの競輪野郎だから、競輪に役立つトレーニングであるか否かでしか判断できないのである。つまり、ひとことでいうと、競輪に対しては超のつく頑固者なのだ。

俺には、誰よりも自分の体に向き合ってきたという自負と、同世代のなかで誰よりも苦しい練習に耐えてきたという自負がある。もちろんいまなら、「世界で戦うトレーニングなのだから、きっと意味があるのだろう」と受け入れることもできるのだけど、かつては世界レベルの〝お得な情報〟を知っても、そこに飛びつくことはなかった。

その代わりに、自分がいいと思ったトレーニングだけを徹底的にやった。唯一の基準は、自分判断で競輪の役に立つかどうかだけだ。それでも、若い時期はどんなトレーニングだって一生懸命やっていれば力になるし、タイトルを獲れる可能性だってある。

年齢を重ねてからは柔軟性も必要だが、がむしゃらに突っ走っている若いうちは、頑固であっていいと思っている。

慎太郎、おまえ死ぬんじゃねえか？

俺は周囲からの声をあまり気にしない性格だ。上位クラスで戦っていると、記録や賞金の話をよくもちかけられるのだけど、それらのことを意識することはほとんどない。とはいえ、俺がまだ狙える「最年長でのGⅠ優勝」や「最年長でのKEIRINグランプリ優勝」の記録については、達成できるものならしてみたいという気持ちもある。

2024年のS級S班には、山口（拳矢）や、眞杉匠《ますぎたくみ》（栃木113期、GⅠ2冠）といった自分とはふた回り近くも若い世代が入ってきた。そんな世代を相手に〝ジジイ〟が戦うには、並大抵の練習ではかなうわけがない。当然、極限まで追い込む必要がある。


スピード競輪の時代だ。ちょっと前までは、パワーとスピードと瞬発力から生まれる、スプリント力を鍛えることを最重要視していた。でも、年齢も既に40代後半なのだし、同じことをしていても進化することは不可能だろう。そこで、「マラソン選手やロードレーサーが重要視している心肺機能のベースが上がらないと、スプリント力の底上げもされないのでは？」と考えるようになった。一度でもそう思ったら、実行に移さないと気が済まない性格だ。3年くらい前から、心拍系のトレーニングを積極的に取り入れるようにした。いやさ、これがまた本当にきついトレーニングで……マジな話、身の危険を感じるレベルなんだ。

自宅のトレーニングルームにはワットバイク（固定式練習用自転車）が置いてあるので、

この練習はいつでもできる。ワットバイクに大きな負荷をかけて40秒〜1分間もがくと、心拍数が急上昇してもの凄く苦しくなる。それを短いインターバルで10本くらい行う。脚には激しい痛みが襲い、だんだんと呼吸が追いつかなくなっていく。ペダルを漕ぐのをやめて呼吸が落ち着くまでは、しゃべることもなにかを飲むこともできないほどだ。そんなとき俺は、床に倒れ込み、喉からゼイゼイ、ヒューヒューという音を鳴らしている。

適正とされる最大心拍数は、一般的に「220引く（マイナス）年齢」といわれている。俺はこの本が刊行されるタイミングで48歳だから、172が適正なわけだが、このトレーニングをやると、心拍数は190以上になってしまう。そこまで数値を上げられるのは、俺の心臓がきつい負荷に耐えられるということの証明でもあるのだが、あまりのきつさに、思わず「慎太郎、おまえ死ぬんじゃねえか？」と問いかけてしまうことがあるほどだ。

トレーニングの最中は苦しくて息がほとんどできないし、驚くほど心臓の鼓動はめちゃくちゃ速いし、目の前がかすんでくる。終わったあとは、床にぶっ倒れて脚が動かなくなる。

我が家は、トレーニングルームの隣にリビングがあるのだけど、この心拍系のトレーニングをしているときは、妻がかなり心配しているようだ。猛烈にペダルを漕ぐ音と俺の荒い息遣いが聞こえてくるのだから、その気持ちも分からないではない。

ある日、あまりに苦しくて水を飲もうとしたら、水の入ったペットボトルを取る手がおぼつかず、テーブルに思い切りぶつかってしまった。その衝撃で勢いよくスマートフォンが床に落ちて、激しい音が鳴った。リビングにいた妻は、俺が意識を失ってひっくり返ったのかと思い込み、「大丈夫？　大丈夫？」といいながら真顔で駆け込んできた。事の詳細が分かって、「死んでなくてよかった……」といいながらリビングに戻っていったのだけど、さすがに心配になるよな。

そんなふうに、命の危険を感じるほどのトレーニングなわけだけど、続けているおかげで最大心拍数は確実に上がっている。科学的見地からだと、心臓を強くするということはできないらしいが、老化を食い止めることはできるそうだ。俺はずっとこういうＦＴＰ(Functional Threshold Powerの略で、1時間維持できるパワーの平均値）系のトレーニングをしてこなかった。若い頃からずっとダッシュ系のトレーニングを中心にしていて、心臓とか心拍数というものを意識してこなかったのだ。長い時間こそかかったものの、やっとその重要性に気づけたし、新たなトレーニングをすることで、「まだまだ強くなれるんじゃねえかな？」と思っている。

結局は気持ち次第

トレーニングはつらいものだ。それはあたりまえだろう。若い頃のような回復力は確実に落ちているし、そもそも40代後半の選手が、若手選手のようなハードなトレーニングをしていること自体が異常なことなのだからさ。

それでも日々、そういったトレーニングに取り組めるのは、やり切ったときの達成感がたまらないからである。そして、レースで結果が出れば、「あの苦しさを乗り越えたから勝てた」と思うことができる。まあ、俺はつまり〝ドM体質〟なんだよ。

もちろん、ハードなトレーニングに取り組むには理由がある。ここ一番の場面では、心と体のすべてが整っていないと、最大限に力を発揮できないからだ。よく、「心技体」という言葉が使われるが、この言葉を競輪選手である俺が解釈するとこんな感じになる。
「強い体をつくるためには強い心が必要で、最高の技を磨くためには強い体がなくちゃいけない」

要するに、強い心が第一に来て、体、技という順番になる。心があって体が動き、体があって技を習得できる。長年の選手生活でそう定義づけするようになった。

心技体というと、それら3つの要素は、意図せずともバランスよく高めていくようなイメージがあるかもしれない。でも、それはちょっと違う。もちろん人によっていろいろな認識があるかもしれないが、俺の場合はバランスを取ろうと意識しても無理なのだ。ほとんどの場合は、まず体が悲鳴を上げる。そのときに心まで同じように落ちてしまったら、心技体どころではなくなってしまうだろう。

だから、精神力（心）が肉体（体）を上回っている状態が理想だ。肉体（体）を支配しているのは自分の精神力（心）だと思うし、あまりに昭和的な考え方かもしれないが、行き着くところは、「気合」と「根性」なくして、ものごとをやり遂げることはできないということだ。

例えば、朝起きて、前日のトレーニング疲れや痛みが残っているとする。そしてこの日は、バンクを使ってバイク誘導によるスピード練習をやる予定を入れている。

すると、「ダメだ……。この体の状態じゃ、バンクに行ってもいい練習はできないだろう。俺も若くないのだから、休んだほうがいいよな。今日の練習は明日に回そう……。もうちょい寝てから、仲間を誘って麻雀でもやるか」。こんなふうに思うのが普通だし、それはそれでパフォーマンス管理という意味では、もしかしたら正しいのかもしれない。

でも、練習仲間のみんなと約束したから、「とりあえずバンクに向かおう」と重い腰を上げる。バンクに行って仲間の顔を見る。すると、「いっちょやってやるか」という気持ちになる。そして、いざ練習を始めてしまえば、なんだかんだと予定していたメニューをこなすことができる。

こんなパターンは、過去に数え切れないほど経験してきた。「体が痛い」「疲れている」といって休もうとするのは単なる甘えに過ぎないのである。要するに、妥協ってやつだよな。ここでまた「根性の男・佐藤慎太郎」的発言をさせてもらえば、精神力（心）が肉体（体）を上回っていれば、筋肉痛だって感じねえってことだよ。

はなから「無理だ」というマインドで臨むのと、「できるかもしれない」「できる」と思ってものごとに取り組むのでは、あきらかに結果が変わってくる。やらされているのではなく、いつだって心を優位な状態にして、体の主導権を心が握れるような状態でいることがベストだろう。

やってみれば分かるよ。「死んじまうかもしれない」って思うようなことだって、きっと乗り越えることができるからさ。

デカい奴らに負けたくない

俺の身長は165センチメートルだ。180センチメートルくらいの選手がゴロゴロいる競輪選手のなかでは、かなり小柄なほうだといっていい。俺は顔がデカくて、そこで長さを稼いでいる分もあるから、実のところは162センチメートルくらいかもしれないけどな。

いうまでもなく、恵まれた体型で強い肉体を持っていれば、競輪選手として優位に立つことができる。むかしは一緒に練習していた伏見（俊昭）さんを見ては、「こんな体をしていたら、どんなによかっただろうな……」と何度も思った。いまなら、平原（康多）なんかは素晴らしい体をしてるよな。いかにも力がありそうだし、俺からしたら羨まし過ぎる体型をしている。

それこそ、若い頃に自力で戦っているときはきつかったぜ。体が小さいことで出力まで小さくなるから、必然的に航続距離が短くなる。つまり、長い距離をもがけないんだ。それはあくまで俺のなかでの感覚であって、理論的・科学的に正解なのかは分からないけれど、実際にそう思っていた。だから、若いときは、「あのデカい奴らに負けたくない」って気持ちが強かった。そしていまでも、「あと10センチメートル身長が高かったら、もっと先行で強かったのかな？」とか「負けず嫌いの俺のことだ。いまの年齢でも自力でやっていたかもしれないな」なんて思うことがある。

とはいえ、KEIRINグランプリの常連選手で170センチメートルに満たない選手は多い。古性（優作）168センチメートル、郡司（浩平）167センチメートル、松浦悠士（2023年KEIRINグランプリ覇者、GI3冠）168センチメートル、清水裕友（GI1冠）168・8センチメートルといった具合だ。こうして見ると、やっぱり長い距離を踏むというよりは、捲り主体とか、自在なタイプが多いように思う。

俺の場合は、追い込み型に変わってからは、体格差でのハンデを感じなくなった。狭いコースに入っていけたり、雨風の抵抗を受けにくかったりと、小柄な選手ゆえの、プラスな部分を強く感じられるようになったからだ。

俺がここまで筋肉を鍛え上げている最大の理由は、「長身の選手よりも体や脚が短いのだから、筋肉を太くすれば全体の筋量は同じになるんじゃないか？」と思いついたことにある。単純に、デカい奴らに負けないパワーを生み出すために、筋肉をつけて体を大きくしていこうと考えたわけだ。

それにさ、ひとりの〝オス〟としても、体はデカいほうがかっこいいじゃねえか。そんなよこしまな思いも少なからずあるよ。戦うためだけに筋量を増やすトレーニングをするのではなく、「かっこいい体でいたい」という気持ちもまた、トレーニングのモチベーションを維持することに一役買ってくれる。

「慎太郎は競輪に集中していないのか？」なんていわれればその通りだけど、競輪に使う筋肉とは関係のない部分も鍛えて大きくした。なかでも、上半身のウエイトトレーニングをみっちりやると、思考がポジティブになるから不思議だ。おそらく、目に見えて筋肉が育っていくから、自分のやった努力がはっきり分かることが要因だろう。風呂上がりに鏡を見て、「おお、(筋肉が)育ってるな!」なんて感じたら、気分もいいもんだよ。さすがにうっとりまではしないけどさ。

しかし、上半身ばかり大きくすると、その分、風の抵抗を受けるわけだから、なにごともやり過ぎには注意が必要だ。

いろいろと書いてきたが、つまるところは、俺が180センチメートルくらいある恵まれた体格だったら、ここまでウエイトトレーニングをしていなかったことは間違いない。多分、最初から持っているポテンシャルにあぐらをかいていたことだろう。筋肉をとにかくデカくすることで、大男たちにも競り負けることなく戦えるようになったわけだ。

努力できることも才能

今年で現役生活は29年目を迎える。

たくさんの選手たちと出会ってきたが、競輪学校時代にもの凄く強かったのに大成しなかった選手もいれば、競輪学校時代は弱かったのにいまでも上位で戦っている選手もいる。そこにある違いはなにかといえば、間違いなく練習量の違いだ。いくら才能があっても、手抜きのトレーニングを続けていれば弱くなって当然なのである。努力することが上手か下手か、競輪選手はそこがなにより重要だ。

俺のところによく「競輪選手になりたい」という未来ある若者から相談があるのだけど、先にも書いたように、俺は決まって「気合と根性さえあれば、GIタイトルを1本獲れる」というようにしている、これはリップサービスでもなんでもなくて、心の底から思っていることだ。俺がいいたいのは、要するに「努力できれば勝てる」ということだ。他の競技で見た場合、野球やサッカーなんかは、もともと持っている才能によるところも大きいように感じるが、競輪はそればかりではない。俺自身が証明しているのだから、異論はないよな?

何度か書いてきたが、俺には才能なんてまるでなかったし、スポーツエリートだとも思っていない。でも、才能や素質のある人をずっと真似していれば、少しずつ追いつくことができる。

例えば、強い選手のどこの筋肉が発達しているかを見たら、「すげえなあ。あいつはあの筋肉があるから強えわけだ。まるでかなわねえよ」と感心しているだけでは、その選手に一生追いつくことはできないだろう。でも、その筋肉を同じように鍛えていくことで、もしかしたらそんなすげえ奴になれるかもしれない。

また、競輪界ではよく「ダッシュ力は生まれ持った天性のものだ」なんていわれるのだけど、これだって他の誰よりもダッシュの練習を重ねれば、天才たちに少しずつ近づいていくことができるはずだ。

そうやって少しずつ強い選手のいい部分を真似て吸収し、自分のものにしていけば、必ず強い選手になることができる。俺はそう信じて疑わない。この思いだけは、絶対に譲る気はない。


ここで少し考えてみたいのだけど、「才能があるのに大成しない」「いい状態が長続きしない」という選手は多いものだ。どうしてそうなるのかといえば、答えは単純だ。

「人よりできるから」と舐《な》めてしまって努力を怠るケースもあるだろうが、「なぜ自分にそれができているのか、自分で分かっていないことが多い」からである。なにも考えずにできてしまうから、よかったとき、強かったとき、速く走れたときのことを自己分析できておらず、調子が少し落ちたときに、いい状態に戻すことができないのだ。一方、俺のような不器用で才能がない人間は、よかったときの状態を詳細に分析しているし、試行錯誤しながら練習するので、再現性が身についている。

いうまでもなく、才能のある選手が自分のことをちゃんと理解して猛練習すると、どうあがいても太刀打ちのできないスーパースターが完成する。それが、新田（祐大）、脇本（雄太）、古性（優作）といった競輪界で他を圧倒する男たちなのである。

俺はデビュー以来、こまめに日記をつけている。その日にどんなトレーニングをしたか、タイムはどうか、ウエイトトレーニングの重量やそのレップ数（トレーニングの反復回数）はどうだったかといったことを、ノートにびっしり書いているのだ。

レースに行ったら行ったで、使った自転車のパーツに始まり、「前走が納得いかなかったためチェーンを変えてみた」「走ってみたら少ししっくりくる感じがあった」といった具合に、細かいディテールまでメモしておく。ボリューム的には、1日1ページといった感じだ。ノートに1ページというとそれなりの文字数なわけだけど、これはもう完全に習慣になっている。このメモさえあれば、新しいことを試して調子が悪くなっても、いいときのことを振り返れば、状態を少しずつ戻していくことが可能になる。

特に自転車のセッティングは重要な記録だ。数ミリメートル単位で走りが変わるため、細かくメモしておけば、あとで見返して、いいときの自転車のセッティングに戻すことができる。いくら記憶力に自信があっても、いろいろとやっていくうちに記憶は塗り替えられていってしまうので、やはりメモは欠かせない。検車場などでいろいろな選手を見ていると、ひらめきとか感性でやっている天才型の選手は、メモを取っていない選手が多いように感じる。俺なんかからしたら、「もったいねえなあ」ってことだよな。

俺はこうして、トレーニングに明け暮れ、その内容まで細かくメモを取り、自分自身と向き合っている。もし俺に才能があるとするならば、「努力できる才能」なのかもしれない。

とはいえ、継続するのは本当に大変だ。「このトレーニングを続けていれば、いつかきっと強くなれる」「メモを取っていれば、役に立つときが来る」と信じ、俺はマインドコントロールをするような感じで、自分の心と体を奮い立たせているのだ。

とことん自分を追い込める理由

「競輪選手になりたい」という志望動機で圧倒的に多いのが、金銭的なものだ。要するに、「たくさん稼ぎたい」ということである。俺も最初は、「金持ちになりてえな」と思って選手になったわけだけど、いざ選手になってしまうと、お金のためだけに頑張るのは難しくなっていく。なぜなら、走る目的をお金だけにしてしまうと、それなりに稼いだ時点で心が満たされてしまい、向上心がなくなってしまうのだ。実際に、そういった選手をたくさん見てきた。

だから、俺はこう考えるようにしている。

「お金は、自分の成長への対価」

競輪選手として成長し続けることにフォーカスすれば、向上心がなくなることはない。同時に、とことん自分を追い込んで、実力を高めていけると思っている。なんの仕事でもそうだけど、お金というのはあとからついてくるものだよな。

もちろん、KEIRINグランプリの出場権を争っているときなどは、意識して賞金を取りにいかなくちゃいけない場合もあるよ。でも結局は、賞金を取りにいくときだって、自分が強くなければ、いい着に絡むことはできない。

「競輪界で俺の存在をアピールしたい」「佐藤慎太郎という名前を、全国の競輪ファンに知ってほしい」。この承認欲求みたいなものは、他人と同じことが嫌だった子どもの頃から自分のなかにあった思いかもしれない。そして、プロになってからはさらにその気持ちが強くなった。プロの選手である以上、強ければ注目されるが、勝てなくなると周囲から人はいなくなってしまう。俺自身も経験があるが、大怪我の影響で勝てなかった時期も、大ギアブームの煽《あお》りで勝てなかった時期も、なかなかさみしい思いをしたぜ。だからこそ、いつも上位で走って、GIに出場して、そこで勝負するために、俺は這い上がろうと自分を追い込むことができる。

もうひとつ頑張れる理由がある。それは、なんといってもファンの存在だ。勝って喜びを分かち合いたいし、胸を張って「佐藤慎太郎ファン」だと公言してもらいたいよな。いつも負け続けていたら、「おまえが応援している佐藤慎太郎って弱いな」なんて、他の競輪ファンからいわれかねないから俺も必死だ。

トレーニングをしているときも、レースで負けて悔しいときも、「よし、もういっちょやったるか！」という気持ちになれるのは、ファンの声援があるからに他ならない。この年齢まで選手を続けていると、いまの成績があるのは、そういった声援のおかげであることを痛感するんだ。

よくいろいろな選手や競輪関係者に、「なんでそんなにきついトレーニングをして、自分を追い込めるのか？」と聞かれるのだけど、やっぱりそれは勝ちたいからだよな。勝つと自分も嬉しいし、応援してくれる人だって嬉しい。みんなが喜んでくれるのだから、とことん追い込むしかないってことだ。そう、俺は勝ちたいんだよ。

よく考えるよ。「あと何年、上位で戦えるのか」「いつまでタイトル争いの輪のなかにいられるのか」ってさ。肉体が老化していくという抗えない事実がある限り、現実的に先が長くないことは自分でもよく理解している。

でも、来年の自分よりはいまの自分のほうが1歳若いのだから、いまやれなければ、来年はもっとやれなくなってしまうよな？　だから俺は、常にいまの自分の限界まで追い込んでいきたいと思っている。

プレッシャーとの向き合い方

競輪のレースにはいくつかの種類がある。優勝という目標を掲げれば、予選、準決勝を勝ち上がって、決勝に乗らなければどうにもならない。GIレースにもなると、予選から準決勝まで4レースを走って、ようやく決勝に辿り着けるような過酷な大会（高松宮記念杯競輪、オールスター競輪、朝日《あさひ》新聞社杯競輪祭《しんぶんしゃはいけいりんさい》）もある。

グレードレースは以下に分類される。

GP（KEIRINグランプリ）

GI（読売新聞社杯全日本選抜競輪、日本選手権競輪、高松宮記念杯競輪、オールスター競輪、寛仁親王牌・世界選手権記念トーナメント、朝日新聞社杯競輪祭）

GII（共同通信社杯競輪、サマーナイトフェスティバル、ヤンググランプリ）

GⅢ（各競輪場の開設記念など）

勝ち上がりのレースにおいては、「何着までに入らないと上のステージに行けない」という相当なプレッシャーがついて回る。予選の段階で敗れて「負け戦《せん》」（勝ち上がりの下のレース。「敗者戦」ともいう）に回ったとしても、上位選手の場合はプライドも高く、「これ以上負けられない……」というプレッシャーがのしかかってくる。ただ、俺はどのグレードレースであっても、プレッシャーの大きさにそこまで差を感じてはいない。いや、「感じなくなった」という表現が正解だろうか。

ＫＥＩＲＩＮグランプリともなれば、それこそ全国の競輪ファンから何十億円ものお金が自分に賭けられるわけで、責任はいつも以上に大きくなるよ。でも、決してガチガチになったりはしない。いまの俺はどのレースでも同じくらいの、ほどよい緊張感で戦えている。もちろん、無神経でいるわけではないし、「どうなってもいいや」と開き直れるタイプでもない。もともとは凄くプレッシャーに弱いし、緊張するタイプだったんだ。でも、経験から学んだ意識の持ちようで、だんだんとプレッシャーに支配されることがなくなっていった。

若い頃は、「勝ちたい」という気持ちがとにかく強かった。「早くA級に、そしてS級に上がりたい」「優勝したい」といつも焦っていたし、負けたら昇格が遅くなるからと、過度に入れ込んでしまっていたと振り返ることができる。

大きな舞台になればなるほど、「追い込み選手としてヘボなレースは絶対に見せられない」なんて感じでガチガチになって、「隙を見せたらやられる……」と緊張感も凄まじいものがあった。

でも、大怪我で調子が上がらない経験をしたり、なかなかビッグレースで勝てない時期を経験したりしたことで、どこか達観した部分が出てきたようだ。

気合を入れ過ぎて、本番に気持ちを昂《たかぶ》らせていっても結果は変わらないのだ。「この日のために厳しい練習を積み重ねてこうしてこの舞台にいるのだから、結果はどうあれ仕方ねえよな」。そうレース前の自分に言い聞かせられるようになってからは、気持ちが凄く楽になった。なんというか、これも一種の自己暗示だな。

そんな自己暗示ができるようになったのは、2019年のことだ。つまり、KEIRI

Ｎグランプリを勝った年である。まだ5年、6年前だから、割と最近だ。

２０１９年は、13年振りにＫＥＩＲＩＮグランプリに出場することができた。ＫＥＩＲＩＮグランプリは、その年のＧⅠ優勝者と、賞金ランク上位者であるたった９人しか出場権を得ることができないという、競輪界における最高峰のレースだ。そのときの賞金は、副賞合わせて１億３３４０万円と高額だ。俺はその年に別府競輪場《べっぷけいりんじょう》で行われたＧⅠ・読売新聞社杯全日本選抜競輪で準優勝をして、ずっと賞金争いの上位をキープしていた。その準優勝が2月だったので、最初に大きな賞金を獲得することができて、1年間の戦いを優位に運ぶことができた。

ただ、なぜかやたらと冷静だった。それまでの自分なら、「このチャンスを逃したらもうＫＥＩＲＩＮグランプリには出られない！」と意気込んでしまい、賞金上位を必死に守ろうとしていたに違いない。「なにがなんでも大舞台に出たい！」という気持ちに支配され、頭のなかはＫＥＩＲＩＮグランプリ一色になっていたことだろう。

でもこの年に関しては、そのときの自分自身を認めることができた。「低迷していた時期が長かったのに、またこうしてＫＥＩＲＩＮグランプリの出場権を争えている時点で素晴らしいじゃないか」「この年齢（当時42歳～43歳にかけて）でこの位置にいるのは評価してもいいじゃないか」って具合にね。そして、「プレッシャーを感じる必要なんてない」と自然に思うことができたのだった。

2019年は年明けからずっと調子がよくて、日々の練習時間を有意義に使うことができていた。「もうこれ以上はできない」と、限界まで体を追い込めていると納得して1日を終えることが多かったのだ。

だから、「たとえ勝てなくても、仕方ない」と気が楽になると同時に、「もし負けたら……」とも考えなくなった。すると、ネガティブなイメージに引っ張られることもなくなっていったのだった。たまにプレッシャーを感じたときは、緊張している自分すらそのまま受け入れることができた。「慎太郎、なにビビってんだよ。命まで取られるわけじゃねえぞ」と自己暗示をかけて、競輪のレースを楽しめるようになった。

そういったモードに入ると、自然と結果もついてくる。成績が上がれば、今度はまた練習にも身が入るようになる。そんないい循環は、2019年だけで終わることなく、いまでも継続することができている。要するに、「人事を尽くして天命を待つ」ってことだよな。

ただ、少しだけ悔やまれることもある。もっと若い頃にもいい循環をつくることができていたら、GIタイトルをたくさん獲れていたはずだ。

当時は、「失敗しても取り返しはつくし、またそれを次の糧にしてやっていけばいいよな」と思っていた。それこそ、GIタイトルを獲った2003年当時などは、「負けたって次もあるし、どうにかなるさ」と高を括っていた部分もあった。一種の甘えのようなものだよな。

そう思うと、俺もだいぶ大人になったみたいだな。

スイッチの入れ方

2000人を優に超える競輪選手がいるわけで、選手によって集中力の高め方、スイッチの入れ方は異なるだろう。検車場でウォーミングアップの段階から人を寄せつけない雰囲気を出している選手もいれば、レース直前までリラックスしていて、自然な流れですっとスイッチを入れるような選手もいる。俺は後者なのだが、そのなかでもかなりギリギリにならないと、集中力も高めないし、スイッチを入れることもない。

極論のように思うかもしれないが、「レースが始まって、残り1周半で打鐘が鳴るタイミングでスイッチを入れればOK」くらいに思っている。

個人差はあるが、その日の最終レース（日中のレースを想定）を走るような場合、昼食を取ってから休憩をはさみ、走る2時間くらい前（14時30分くらい）からアップを始めることが一般的だ。三本ローラーに乗って自転車を漕いだり、空いているスペースを使ってウオーキングやダッシュをしたり、入念にストレッチで体の可動域を確認したりと、徐々に心と体を整えていく。

ただ俺の場合は、アップのルーティンすら存在しない。ルーティンをつくってしまうと、やり忘れたときの後悔があまりに大きいからだ。「しまった！　今日はあれをやらなかった……。やばい」なんて、ずっと引きずってしまうのが目に見えている。だから、ルーティンなど気にせず、特別に気合を入れることもなく、リラックスしながら準備する。

そもそも、本来、気合を入れるべきは、当日のアップやレースではなく日々のトレーニングであると思っている。それこそ、気合を入れるだけでレースを勝てるなら、アニマル浜口《はまぐち》さんが毎年賞金王じゃねえか。

強いていえば、アップの前にコーヒーを一杯飲むことをルーティンとしている。そして、コーヒーを飲みつつ、可能な限り本番前までリラックスして過ごしていたい。軽く体を動かしてからは、話し相手を探してレースの直前までしゃべっていることが多い。

発走直前になると、次走控え室という部屋に入って選手たちは準備をする。9人の選手が車番ごとに指定された椅子に座り、シューズの紐《ひも》を締めたり、音楽を聴きながら集中力を高めたりする。大きなレースになると過度に緊張してしまう選手もいて、何度もトイレを往復したり、えずいたりする選手もいる。俺はそんな姿を観察するのが大好物で、「お〜、だいぶ気合が入ってるな」とか、「あいつはずいぶんリラックスしているな。大丈夫か?」なんて横目で観察しながら発走時間を待っている。

敢闘門を出て発走機まで辿り着いても、「今日のお客さんの野次はセンスがあるな」なんてことを気にしている。「おいおい慎太郎、そんな緩い状態でいいのか?」「車券を買っている客より緊張感がないのか!」と突っ込まれそうだが、リラックスしてそんなことまで気づけているほうが状態はいいんだ。経験上、他の人がなにをいっているのか聞こえないくらいに、その世界に入り込むのはちょっと危険な状態だと認識している。

極限まで集中するタイプと、俺のようにリラックスするタイプのどちらがいいかに明確な答えはないにせよ、集中して気合が入り過ぎているようでは、レース中に視野が狭くなってしまうと俺は考えている。だって、いくら気合を入れたからって、持っている力以上のものは出せないのだから、平常心で走ったほうが力を発揮できるだろ? 禁止されているのだけど、本音をいえばレースが始まってからも、同じラインの選手に話しかけたいくらいなんだよ。

号砲が鳴って、隊列が落ち着いて周回している最中は、自分自身が走っているのに観客のひとりのような感覚になってしまうときすらある。声援や野次もしっかり聞こえるし、前の選手のサドルの座り位置がうまくいってなくて、何度も座り直している姿なんかもよく見えている。いわゆる「メタ認知」が働いていて、自分自身を俯瞰して見ているような状態で、周回を重ねているわけだ。

先にも書いたが、スイッチが入るのは、本格的にレースが動き出す直前になってからだ。必然的に、打鐘のタイミングや、残り2周の赤板くらいのタイミングとなる。そして、ひとたびスイッチが入れば、目から入ってくる情報に応じて頭と体が勝手に反応し始めるというイメージだ。それこそ、ゴール直前に自分の体が入るかどうかギリギリの狭いコースを突っ込むときなんかも、「こう動いたらこのコースが空くはずだ」なんて瞬時に判断している。

できるだけレースに自然なかたちで入って、力が抜けた状態で、いざというタイミングで一気に集中力を高め、スイッチを入れるというのが俺流だ。これもすべては経験から成せることなのだけど、ひとことでいってしまえば、「やることをやってきたのだから、結果は神のみぞ知る」という精神状態なのだと思っている。

モチベーションを保つ秘訣《ひけつ》

選手宿舎は基本的に4人部屋が多く、競輪界では〝巣箱〟と呼ばれるカーテンで仕切られたベッドスペースと、4畳半程度の座敷があるのがお決まりだ。座敷にはちゃぶ台と冷蔵庫、そしてテレビが設置されている。夕食と風呂を終えて部屋に戻ると、座敷のテレビでその日に各地で行われたレースダイジェストを見るのが俺の日課だ。

俺は、同部屋の仲間とああだこうだいいながらレースを見るこの時間が好きだ。自分ひとりの分析でなく、そこにいる選手が考えていることもひとつの情報なので、その時間を大事にしているってわけだ。

気になっているライバル選手の攻め方や癖を見つけるだけでなく、仲がいい選手や同世代の選手が活躍している姿を見ると刺激をもらえる。たまに他の選手のレースをまったく見ないという選手がいるのだが、俺からすれば、人のレースを見るのはプラスしかないと思っている。見ない理由こそ直接的に聞かないが、選手宿舎でリラックスしたい時間まで競輪を見たくないのかもしれない。または……根本的に競輪が好きじゃないのかな？

好き嫌いということに関して言及すると、モチベーションを高く保ち、ものごとを長く継続するには、やっぱり好きじゃないとやり切れないだろう。競輪を仕事にしている以上は、もちろん楽しいことばかりじゃない。これだけ競輪が好きな俺でも、大変で、嫌なことだってある。でも、「練習に行きたくない」「この練習はやりたくない」などと感じてしまったときは、レースで負ける自分をイメージすることを習慣にしてる。練習をたいしてせずに競輪場へ行って、不安な気持ちのままスタートラインにつく自分を想像してみるわけだ。勝てなかったり、ちゃんとした仕事ができなかったり、ファンの人に悲しい思いをさせたりすることを想像すれば、「やらなくちゃ！」という気持ちになるよな。そしてなにより、俺自身がレースで真剣勝負をすることが好きだから、しっかり準備しようと思っている。

つまるところ、「好きこそものの上手なれ」だよ。

「やりたくない」と思っていても、練習というのはいざやり始めてしまうと、なんだかんだと最後までできてしまうものだ。それにはまず、1週間のスケジュールを決めておくといい。ノープランでいると、「休みたい」と思ったときに、「ちょっと疲れたから休もう」となってしまう。または、明日のメニューが決まっていなければ、朝起きてもなかなか布団から出られないかもしれない。

今日のうちに、「明日はこんなトレーニングで、明後日はこんなトレーニングをやろう」とメニューを決めて、そこにはどのような意味や効果があるものなのかをしっかり理解しておくべきだろう。そうすれば、多少疲れていても、朝から練習をスタートできるものだ。しっかりと計画を立てて、行き当たりばったりでやらないようにすれば、モチベーションを保つことはそこまで難しくない。

ただし、俺のようなベテランは、若い頃のように鬼の練習をしたからって、すぐに効果が出たり、レベルアップしたりすることはない。よって、「成果を出すぞ！」というモチベーションではなく、「自分への挑戦」を続けることをモチベーションにしている感じがある。

「いつまで上のクラスにい続けることができるだろう？」「どこまで競輪を好きになることができるかな？」といったように、挑戦をテーマにしているといえる。

言い換えると、この年齢になってもなお、俺はまだまだ自分自身に期待しているのかもしれない。

覚悟を持ってレースに挑む

競輪場にある選手控え室は、競輪場によって多少の違いこそあるものの、たいていは100畳以上もある大広間になっている。県ごとにブロック分けされており、ひとりあたり

1畳～2畳ほどのスペースが割り当てられる。自分のスペースには毛布のようなものが敷かれていて、そこで空き時間に仮眠を取る選手も多い。天井に張られたパイプは、練習着や濡《ぬ》れたタオルなどをかけておく場所だ。あとは、温泉の脱衣所にあるようなカゴがひとつ貸し出されるので、そこに自分の荷物を収めておくという感じだ。練習着からユニフォームへの着替えは、たいていそのスペースで済ませる。

俺はユニフォームに着替えたあとに、決まってやることがある。ルーティンはほとんどないと書いたが、これだけはルーティンといえそうだ。なにをやるかといえば、それまで着ていた練習着やジャージを、四隅を揃えて綺麗に畳んでからレースに向かうようにしているのだ。同時に、荷物も一カ所にきちんとまとめておく。それを見た後輩選手たちからは、「慎太郎さんは几帳面《きちょうめん》ですね」とよくいわれるよ。

どうしてそこまで几帳面な行動を取るのかといえば、それには理由がある。バンクはいわば戦場であり、戦場に向かうわけだから身の回りはきっちりと整理しておきたいという考えがあるのだ。これだけは、デビューしたときからずっと続けている習慣といえる。

競輪選手は、命懸けの職業だ。レースでなにが起こるかは誰にも予想できない。落車をすれば、そのまま病院へ直行なんてことがざらに起こるし、俺も何度その目に遭ったことか……。そして、誰かが落車をして開催途中で欠場することになったら、同県の仲間が荷物を片づけなければならない。自分がそうなったときに、荷物が整理されていたほうが仲間たちも楽だろ？　俺も仲間の片づけを手伝うときがあるのだけど、なかには荷物がガチャガチャで、どこになにがあるか分からないような選手もいるんだ。そうやって誰かに迷惑をかけるよりは、ビシッとしておいたほうが気分的にもいいし、なんとなく武士のような気持ちでレースに向かうことができる。

もっと深刻な話をすると、競輪の長い歴史のなかでは、レース中に不幸な事故が起こってしまったことが何度もある。普段から「死」を意識して走ることはないにせよ、担架で医務室に運ばれてくる選手を見ていると、「いつ自分がそうなっても不思議じゃないな……」と感じるよ。

服を畳んでいく行為は、しっかりと覚悟を決めて、気持ちを入れて走ってこようという決意であるし、そう自分に暗示をかけているのかもしれない。

ゲン担ぎなんて気のせいだよ

繰り返しになるけれど、俺はレース前のウォーミングアップのルーティンをつくらない。ひとつでも欠けたらずっと気になってしまうし、メンタルに負担をかけるような気がするからだ。無意識にやっていることならいいが、「これを忘れるとおかしくなる」とか、「これをやったら成績がいい」とか、多分、そんなのは気のせいだよ。

ゲン担ぎだって同じことだ。よく、競輪場までの道順すらゲンを担ぐ選手がいるのだけど、俺はまったく気にしない。よくプロ野球の監督がいうけれど、「勝ったらパンツをはき替えない」なんて、綺麗好きの俺はしないよ。

ただ、唯一、レーサーシューズだけは右から履くようにしている。どこかで聞いた「死に装束は左右逆にわらじを履かせる」というしきたりを、「左足から履かせる」と勘違いして、「なんだか嫌だな。左足から履くと縁起が悪いな」と思い、右から履くようになったんだ。それから、発走準備をするスペースには清めの塩が置いてあるので、目に入ったときには自転車に撒《ま》いたりすることはある。でも、それだってルーティンと呼べるような決め事ではないけどな。

よく、「好きな車番は何番ですか？」なんて聞かれるけど、これにもこだわりはない。そもそも車番は自分で決められるわけじゃないし、番組編成の人が決めるからだ。だから、意識しても無駄というわけだ。自分の力でどうにもならないものは、気にしても仕方ないと割り切っている。

予感めいたものを感じるときもある。それはいい予感もあるけど、たいていは嫌な予感のほうが多い。でも、その通りの現実にはならないことがほとんどだ。きっと自分の気持ちのなかになんらかの迷いがあって、そんなふうに感じるだけなのかなと思っている。悪い予感なんて、まさに不安の表れでしかないよな。

そんな感じで、目に見えないものにすがったり怯《おび》えたりせずに、いつもフラットな精神状態でいることを心掛けている。ネガティブになるのはよくないし、かといって無理にポジティブに考える必要もない。自分のしてきた練習や準備に自信があれば、フラットな精神状態でいられると思っている。

さりげなくダイナミックに

俺がよくインタビューなんかで吠《ほ》えるもんだから、ファンのなかには俺が熱い男だと思っている人が多いだろう。おそらく、「佐藤慎太郎＝気合と根性」みたいなイメージがあるはずだ。だけど、レース中の俺は一変して冷静になる。もちろん、気合と根性はベースにあるのだけど、それだけで走っているわけじゃない。

レース中は、「これ以上ブロックして相手を持っていったら落車させてしまうな」「この隙間に突っ込んでいくと、前がこう動くからコースが閉まるだろう」「ここで外を踏むと、前の選手が自転車をヨコに振るから俺の自転車の車輪が払われちゃうな」とか、どんなタイミングでも考えを巡らせている。ゴール前でわずかな隙間を突っ込むにしても、しっかり考えて、根拠のあるコースを選択したい。目を閉じて、「ええい！　突っ込んじまえ！」みたいな、そういう一か八かの走りはナンセンスだ。そこで事故を起こせば、ファンが買ってくれた車券をパーにしてしまうし、自分だけでなく他の選手に怪我をさせるリスクだってある。

ここで大事なのは、「どうして、あのように走ったのか?」「どうして、あの結果になったのか?」と聞かれた際に、理論立てて明確に自分の言葉で答えられるか否かだ。例えば、プロ野球のキャッチャーに対して、「終盤1点差のしびれる場面で、なぜインコースを攻めたのか」と問えば、その意図をはっきりと答えてくれるだろう。または、プロ雀士に対して、「なぜあの場面であの牌を切ったのか?」と問えば、「配牌がこうで、相手の捨て牌がこうだったからこう狙ったんだ」ともの凄い記憶力をもって答えてくれるはずだ。

競輪選手も同様に、レース中に自分で取った行動・選択をすべて説明できなければならない。それができないようでは、本物のプロとは呼べないし、恥ずかしいことだと思う。言葉にするのは簡単だが、実際にそれができている選手は一握りであるともいえる。

俺はSNSでなにか言葉を発した際、最後に「ガハハ!」というフレーズを添えている。そのフレーズだけを見れば、豪快なキャラクターに写るだろう。もちろんそういう部分も俺は持っているし、「ガハハ!」は意図的にキャラクターづくりをするために演技としてやっているわけではない。でも、豪快さと繊細さが入り混じることが、大切なのだと捉えている。豪快にいかなくちゃいけないときもあれば、繊細に見極めなくちゃいけないときもある。よって、俺はこんな男でありたいと思っている。

さりげなくダイナミックに。

一見、矛盾するような言葉ではあるけれど、ダイナミックなことをさりげなくやり遂げる男でいられたらかっこいいじゃねえか。

例えば競輪なら、脇本（雄太）のスピードにあたりまえのように追走したり、深谷（知広）の捲りが後方から飛んできても小さなブロックでピタッと止めたり、平原（康多）に飛びつかれても慌てず騒がず位置を守り切ったりと、実際にはもの凄くダイナミックなことをしているのに、いとも簡単にやっているように見せることが理想だ。それらのことをいかにも大袈裟に見せてパフォーマンスするのは、俺的にはちょっと萎えるな。

さりげなくダイナミックに――それこそがプロだよな。

イメージトレーニングの重要性

練習でもレース本番でも、漠然と臨むより、しっかりイメージして取り組むことで気持ちに余裕が生まれることは間違いない。

競りの稽古をするのであれば、練習仲間と並走するときに具体的な誰かをイメージして競るようにしている。「あの選手はダッシュがいいから、ここで踏み遅れないように注意が必要だ」とか、「コーナー立ち上がりの下りを使って決着をつけよう」とかなり具体的にイメージする。

バイクの後ろについてスピード練習をするなら、バイクを誰かに見立てることとなる。「あいつはダッシュが凄いから踏み出しに全集中して追走しよう」とか、「あの選手は4コーナーから踏み直すから、早めに差しにいこう」なんて具合だ。そんなイメージトレーニングを繰り返すことによって、いざ実戦でそういう場面が訪れたときに、「これは見たことがある光景だから大丈夫だ」と冷静な対処ができるというわけだ。

これは、俺が選手になってからずっと繰り返してきたことだ。イメージトレーニングをしっかりできない選手は、レースで力を発揮することは困難だろう。

ただ、イメージトレーニングだけでは限界がある時代になってきた。それは、最近の競輪が、車番によって有利不利がかなり大きくなったことにある。ダッシュ力の差も関係するにせよ、先頭誘導員までの距離が近い内枠の選手は、スタートで狙った位置が取りやすい。

対する外枠の選手は、初周で後方になってしまう確率が高いのである。これは誰でも想像がつくだろう。ただし、いまの競輪は先頭誘導員のペースが以前に比べて速くなっているため、後ろ攻めになってしまうと、前に出るためにスタミナのロスが避けられない。よって、初手はなるべく前の位置にいたい。初周の位置取りがとても重要なポイントになる。

それらのことからも、最近はスタートの速い選手がラインで重宝されるようになった。そういう選手がどこの地区にもいて、初手の位置争いに力を発揮する。それをつゆ知らずに、「自分が1番車だから前が取れるだろう」なんて安易に展開をイメージしてしまうと、レースで大変なことになる。競輪が複雑になっているからこそ、あらゆる展開にラインで対応するためには、しっかりイメージしておくことが欠かせないのだ。

そのあたりについても詳しく書いてみるが、翌日のレースのメンバーと車番が発表されると、ラインを組む自力選手と展開を想定しながら作戦を話し合うことになる。これが面白いもので、俺が「こうすればこうなる」とシミュレーションをしていても、自力選手がまったく違う展開を想定している場合も珍しくない。だから、「こうしたほうがいいんじゃないか?」と提案する前に、まずは自力選手の意見を聞くようにしている。

自力選手は展開を考える際に、「相手はこうするだろう」と考えるよりも、「自分がこうしたい」が先に来るパターンが多いようだ。だけど、相手はそれをさせない作戦を立ててくるに決まっているよな? 経験が浅い若い選手なんかだと、どこまでも自分に都合よく考えるので、話を聞いていてとても危うく感じることがある。そういったことも踏まえ、ラインのみんなで意見を出し合って、すり合わせながらシミュレーションして、それぞれがレースをイメージすることが大切だろう。

また、たくさんの意見が出ることで、自分で想定していたこと以外のシチュエーションも見えてくる。そのようにして人の意見を聞いてアイデアを膨らませるのは、いいイメージトレーニングのひとつだと思う。レースに走る9人の選手がそれぞれ作戦を練れば、9通りのレース展開があるのだから、イメージすることには限界はないといえるだろう。

つけ加えておくと、以前はそれぞれの選手の役割がもっと明確だったし、2分戦（自力選手がふたりのレース）や、3分戦（ラインが3人ずつ3つに分かれる）が主流だった。単騎で走るような選手は稀だったから、数パターンのレース展開をイメージしておけば、たいていはそのなかのひとつにはまったものだ。

でもいまは、自力選手の力が拮抗《きっこう》し、細切れ戦（4つ以上のラインに分かれる）も多くなってきている。そのうえ、ダッシュ戦を得意とする似たタイプの自力選手が多いため、展開を読み、レースをイメージすることが本当に難しくなっているのだ。

メンタルの衰えを防ぐ

移動中や寝る前のちょっとした時間は、本を読むことが多い。内容によっては、励まされているような気分になることもあるし、心を奮い立たせてくれることもある。よって、そのときの精神状態に合わせて本のチョイスは考えている。

勝負師の心構えを知りたいと思ったときに読んだ、桜井章一《さくらいしょういち》さん（雀鬼といわれたプロ雀士）の『負けない技術 20年間無敗、伝説の雀鬼の「逆境突破力」』（講談社）には感銘を受けた。それから、疲れを感じたらキングカズの本を読むようにしている。年齢など関係なく挑戦を止めない人だし、いっていることが面白いから何度も読み返しているよ。

イライラしたときには、禅の本を読むこともある。ただ、「欲を捨てろ」とか「多くを求めるな」といった教えもあるから、スポーツ選手にとってそれがいい教えなのか微妙なところだけど、「心を無にする」という考え方にはとても共感できる。競輪は、勝ったり負けたりの世界だ。負けを引きずっていては好結果を得られないのだから、やはり気持ちを無にしてフラットな状態で、トレーニングやレースに臨む必要があるだろう。

メンタルの状態は日々異なるものであり、それこそ数分単位、いや数秒単位で変わるものといえる。だから、必死になってコントロールしようとするのは逆効果ではないかと俺は考えている。「いいメンタルの状態を保とう」といくら思っても、不可抗力的なものが存在する限り、難しい。だから俺は、「いいメンタルの状態を保とう」ではなく、「メンタルが衰えないようにしよう」と意識している。

むかしのような厳格な先輩・後輩の関係ではなく、いまは上下関係も現代風だ。だから、意図的に若い選手とコミュニケーションを取って、心を若く保つように意識しているんだ。「俺が若い頃は……」とか「俺は年上だぞ」といった、いかにもな口調はなくして、若い選手の意見や考え方を吸収しようとするだけでも、メンタルの衰えを防ぐことはできる。大事なのは、「心の若さ」だ。心が年老いていってしまったら、メンタルだってどんどん衰えていくに決まってるよな。

それから、メンタルの衰えは、肉体を鍛えることでも防ぐことができる。俺のように極限まで体をいじめ抜く必要はないにせよ、読者のみんなも、適度な運動を生活のなかに取り入れて、体にいい食事に気を遣いながら、いいメンタルの状態を保ってほしい。

少し食事の話に触れておくと、忙しさにかまけて、コンビニ食とかジャンクフード、それからファストフードばかり食べている人も多いと聞く。そこで、それがどんな成分でつくられているのか、栄養価は高いのか、体にどんな影響を与えるのかと立ち止まって考えてほしい。たとえコンビニ食だったとしても、体にいい食べ物をチョイスすることはできるよな？　加工された食品を選ぶのか、レジ横にあるおでんの卵を選ぶのか、それくらいのことは誰だってできるだろう。そういった細かな気配りが、結果的にメンタルの状態にだって関係してくるというわけだ。ジャンクフードばかり食べていたら、とてもじゃないけどいいメンタルの状態を保つなんてできない。

それから、オフの時間をどう過ごすかも大きくメンタルに影響する。俺はオフを週に2日くらい設けていて、レースがなければ水曜と日曜をオフにすることが多い。それこそ若い頃は、「10の趣味を持つ男」の異名を取ったほど多趣味だったのだけど、いまはゴルフと麻雀に落ち着いた。

よく、「ゴルフはたくさん歩くから体にいい」といわれるが、あっちに曲げ、こっちに曲げという俺のレベルだと、歩くだけでなく走らないといけない場面も多くなる。ラウンドが終わってぐったりしちゃって、「行かなきゃよかったな……」なんて思うこともあるんだ。でも、だからといってゴルフをしなければ、いいオフを過ごせたとはいえない。上手い下手関係なく、好きなゴルフを楽しんでやることで、確実に心はリフレッシュできるし、メンタルをいい方向に導いてくれる。歩く（走る……）トレーニングにもなるし、一石二鳥だ。

麻雀なんかはまさにメンタルが左右する競技の代表格だよな。自分の感情を抑えたり、むやみに勝ちにいきたいという気持ちを我慢したりするメンタルを養うことは重要だ。そんなふうに、半ばこじつけにも近い感じで、競輪ともうまく結びつけながら、麻雀を打ちオフを過ごすようにしている。「ああ、今日はいいオフを過ごせたな。明日からまたトレーニングに精を出そう」と思えれば最高だ。

ただ、ここで書いておきたいのは、俺自身は競輪のトレーニングを苦しいけれど嫌なものだと思っていないので、オフを現実逃避という位置づけにはしていないということだ。あくまでも、心をリセットするものに過ぎず、ちょっとしたメンタルの調整と考えている。

他者の意見と戦わず自分自身と戦う

競輪選手は必ずレースごとにコメントを求められる。次のレースの並びのことやコンディションのこと、ビッグレースにもなるとＹｏｕＴｕｂｅ用の動画のインタビューもいまではあたりまえになった。それだけでなく、競輪専門チャンネルもあるし、記事を中心としたＷＥＢメディアも存在する。取材を受ける機会も多く、記者からはたくさん質問が飛んでくるのだけど、俺は思っていることを隠さずに伝えるタイプだ。「慎太郎はしゃべり過ぎだよ」なんて意見も聞こえてきそうだけど、すべては、車券を買ってくれるファンのためだ。ボソボソっと話してもファンの人は喜んでくれないし、面白くもないだろ？　それに、選手がどんな人間性なのかも知りたいと思っているはずだ。

どうやら他の選手に比べて、いわゆる〝撮れ高〟が多いようで、さらには〝慎太郎節〟などと面白おかしくメディアに取り上げてもらっている。

ただ、開けっ広げに答え過ぎることが要因となり、ときに批判を受けることもある。動画のコメント欄や自分のＳＮＳに来るコメントなんかを読むと、なかなか辛辣なものも多いのが実情だ。ただ、このスタイルで長くやっていることもあり、大体のことは許されるようになってしまった。「あ、少し言い過ぎたかな」なんて感じたときは、咄嗟《とっさ》に冗談でかわせばどうにかなる。

選手みんなが思っていることがあっても、ほとんどの選手は実際に口に出すことはない。でも、俺みたいな奴がひとりくらいいてもいいじゃねえか。

例えば、競輪というのはルールがコロコロ変わるんだ。これは、他の競技と比べてもかなり頻繁なほうだと思う。与えられたルールのなかで結果を出すのがプロ選手といえばそれまでだが、うまく対応できなくて成績をガクンと落とす選手もいる。俺だってルール改正によって何度も大変な思いをした。素直な俺のことだから……愚痴のひとつも吐きたくなれば、隠さずにいってしまうよ。

俺はそうやってみんながためらうようなネタにも踏み込むから、ハートが強く見られがちのようだ。とはいえ、俺だって生身の人間だから弱さだって持っている。自分のなかに揺るぎない信念があっても、他者からの意見はそれなりに気になる。

でも、外部からの意見によって心が塞ぎ込んでしまうようでは、ハートが弱過ぎやしねえか？　考え過ぎて心配になり、自分の意見をいえなくなってしまったら、すべて人のいいなりになってしまうのがオチだぜ。

俺の場合は、人の頑張りや勝利を素直に讃えることができず、ただ悔しがってしまったときに、「俺もまだまだハートが弱いな」と感じることがある。感情をコントロールできず、人の成功を羨んでしまうのは、それこそ心の弱さの表れだろう。

しかし、これほどまでにSNSが普及した時代だ。いまの世の中は本当にたくさんの意見があって、相手と意見が違うだけでメンタルをやられてしまうような人も多いと聞く。

そしてそれは、競輪の世界でも同じことだ。俺たち競輪選手は、ひとりのスポーツ選手であると同時に、〝ギャンブルの駒〟でもある。解説者の先輩方の意見もあるし、車券を買ってくれるファンからも、お金を賭けるからこそ誹謗中傷のような声が届くこともある。

それは仕方ない部分もあるのだけど、実際には人のいう通りになんか走れるわけがない。だって、命を懸けて走っているのは自分自身なのだから、それは当然だよな。だから、自分がどんな走りをしたいのか、レースのメンバー構成を見て何着くらいなら納得できるのかという基準を明確にしなければならない。それさえあれば、うまくいかないことが続いても、あくまでも自分の意思でものごとを進めているわけで、メンタルが滅茶苦茶にやられるようなことはないだろう。つまり、俺がいいたいのはこういうことだ。

「他者の意見と戦うのではなく、自分自身と戦え」

もちろん、俺だってメンタルが落ち込むことはあるよ。それは他者からの意見や評価ではなく、自分のミスによるものだ。「もっとこう走れば結果は確実に違った……」というミスをすると、悔しくて悔しくて眠れなくなる。そこからは、ひとり反省会だ。悔しくて悔しくて仕方なければ、結局は練習で力をつけていくしかない。長年の選手生活により答えはもう知っているのだから、反省して次にどう活かすかをシミュレーションして、失敗を成功につなげていけばいい。そんなことをしているうちに、メンタルだって徐々に回復してくるってもんだ。

結局のところ、ハートが強いか弱いかの分岐点は、どれだけ自分を信じ、自信を持ってやれているかという点が大きい。そして、繰り返しになるが、自信をつけるには練習しかない。他者がどう評価するかなんてコントロールすることはできないのだから、雑念を振り払って、やるべきことをやるだけだ。

選手としての引き際

俺は今年、2025年の11月で49歳になる。いよいよ大台の50歳も目前に迫ってきた。年齢が年齢だけに、無駄な時間を過ごしている余裕はないし、1日1日が貴重な時間になってきていることを実感している。以前のように、やったトレーニングの量だけ強くなるという、分かりやすい上積みこそなくなっているが、「もうちょっと動けるはずだ」とか、

「最近、弱くなったな」といったネガティブな思考は持っていない。強くなるために、あらゆる情報筋からいいトレーニング方法を収集する向上心も衰えていない。ただし、さすがにこの年齢だ。競輪選手としての引き際を考えることもあるよ。


いつだったか、弟弟子の山崎（芳仁）にこんな話をしたことがある。

「もし俺がS級からどんどん落ちていって、ミッドナイト競輪でチャレンジレースを走るようになったらどうなるんだろ？　例えば、負けてもそこまで悔しくないような状況になっても、それはそれで競輪を楽しめるのかな？」

そしたら山崎は、こういったよ。

「負けず嫌いの慎太郎さんが、その状況に耐えられるわけないでしょう」

ただ、いまの俺の考えとしては、上位にいるうちに、それなりに強いうちに選手を引退することがかっこいいとは思っていない。これはそれぞれの選手の美学だから、強いうちに引退することも、当然ありだと思うよ。でも俺は、大怪我をしてまともに走れないときでも、「選手をやめたい」という考えは一切頭のなかに浮かばなかった。それどころか、「競輪選手は素晴らしい職業だ」と誇りに思えた。

だってそうだろ？　毎日トレーニングで筋肉をつけて、心を強くして、昨日の自分よりも今日の自分が速く走れるなんて最高じゃないか。だから、競輪が好きで仕方ない。

ということで、いまのところは、たとえS級の上位戦で勝てなくなったとしても、それでやめることはないと断言しておこう。負けてヘラヘラしていられる性格ではないし、「楽しけりゃいいよな」なんてことも思わないはずだが、いつか力が衰えてA級に降格することがあっても、勝利だけを目指して俺はトレーニングに励むことだろう。ときには落車をして怪我をするかもしれないし、激しい競りで失格になることもあるかもしれない。それでも俺は、必死に走り続けるつもりでいる。

高校生だった俺が金網越しに見て、競輪選手を志すきっかけをつくってくれた神山（雄一郎）さんは56歳までS級で頑張られた。とんでもない実績を積み上げてきたレジェンドなのに、過去の栄光にすがることなく、知りたいことや聞きたいことがあれば、下の世代の選手にだってどんどん質問していた。そういう姿勢ひとつ取っても、いかに競輪を愛していたのかが分かる。俺にとっては、まさにメンターのような存在だった。

どんなに強い選手だって、いつかは引退するときが訪れる。でも、まだ俺は自分が引退する姿をイメージすることはできないでいる。だから、そこで目標を定めてみた。

「60歳になっても、S級でいる」

これは実際とんでもなく難しい目標だ。でも、精神力を維持し、自分の肉体の限界に挑み続けることで、叶《かな》う夢かもしれない。根拠はないけれど、俺ならできるような気がしねえか？

仮に「60歳S級」という目標が実現できなかったとしても、やっぱり俺は走り続けたい。

ということで、とりあえず引き際は考えないことにするよ。

競輪界の未来

競輪の売上が低迷して、いくつかの競輪場が廃止になってしまった時期もあった。俺が選手になってからは、２００２年に門司競輪場《もじけいりんじょう》、西宮競輪場《にしのみやけいりんじょう》、甲子園競輪場《こうしえんけいりんじょう》が相次いで廃止になった。２０１０年に花月園競輪場《かげつえんけいりんじょう》、２０１１年に大津びわこ競輪場、２０１２年に観音寺競輪場《かんおんじけいりんじょう》、２０１４年に一宮競輪場《いちのみやけいりんじょう》が廃止となった。働き場がなくなるのだから、選手の立場からすればつらかったよ。1990年代は年間売上が2兆円に迫るような勢いだった競輪も、2013年には6063億円にまで年間売上が低下した。

それでも苦難を乗り越えて、競輪界はいまV字回復を見せている。2022年度は久しぶりに年間売上が1兆円を超えた。選手の賞金も上がり、競輪選手は再び夢のある職業に戻ってきたように感じている。KEIRINグランプリに乗る賞金のボーダーラインも、数年前は6000万円台だったのが、いまでは9000万円台の攻防になった。1億円稼いでいなければKEIRINグランプリに乗れない時代もすぐに来るだろう。


むかしからの9車立て競輪があたりまえのファンからしたら面白味がないかもしれないけれど、より分かりやすい7車立てが浸透して新規のファンも増えたと聞く。最近じゃ、自分がデビューしたあとに生まれたような若いファンから声援をもらうこともある。選手として嬉しいことだよ。

ガールズケイリンも人気だ。モーニング競輪やミッドナイト競輪なども浸透し、それぞれの売上が競輪界の回復に一役買ってきたことは間違いない。競輪場に通うオールドファンとネット投票を中心とした新規ファンの感覚にはズレがあるようで、ネット上で論争が起きたり、バトルになったりと、いろいろな問題もある。でも、そんなことも面白い現象だなと思っている。

時代が時代だけに、「同県の後輩選手に先行させるのはパワハラだ！」なんていわれちまうことに戸惑うこともあるけどさ、競輪界の内側にいる立場として、「競輪界の未来は明るいんじゃないか」と感じている。


そんなふうに過去から現在を振り返ると、思い出すことがある。競輪選手は、失格での違反点が溜まると京都にある萬福寺《まんぷくじ》という寺で修行をさせられる。追い込みになったばかりで気負ったレースを繰り返し、どんどん違反点が溜まってしまった俺は、すぐにお寺行きとなった。罪の重さによって何泊になるか〝刑期〟も変わるのだけど、どの選手も最後に反省文を書かされるんだ。

俺は、自分が悪いことをしたなんてことには一切触れずに、売上が低迷していた競輪界の現状を憂える内容をテーマにした。

そこに、こんな一文を書いたんだよ。

「じいさんばかりの前で走るより、もっと若い女の子たちの前で走りたい」

当時はまだ20代の前半だったし、意気盛んで生意気だった俺の反省文を読んだ住職は、「こいつは反省していないな」と思ったに違いない。でもさ、やっと俺がいっていたことに時代が追いついたんじゃねえか？　ここまで長い歳月を要したけれど、なんだかんだいって、俺が思い描いた競輪場の情景になっているような気がする。

ただ、インターネットを経由して車券を買うことがあたりまえになったこともあり、本場はビッグレースにならないと観客席がだいぶさみしい状態が続いている。俺がデビューした頃のように、競輪場が満員のファンで埋め尽くされるあの熱狂を、また味わいたいもんだよな。

競輪は公営競技で唯一、人力だけでことが運ぶ競技だ。そのうえ、人間の心理が働くため、レースが分かりにくくて、難解な競技であることも間違いない。それでも、時間をかけて魅力を伝えていくことで、もっともっとファンが増えてくれるはずだ。

ここまで何度も書いてきたように、いまの競輪はスピード化が凄まじくて、むかしの競輪とはまるで違う競技になった。それでも俺たち選手は、若い選手もベテラン選手も、どうしたら競輪をもっと面白くできるかと考えを巡らせている。もちろん、競輪界に関わる人すべてが同じ思いだろう。

戦後復興を目的に競輪が生まれてから、今年で77年目を迎える。ずいぶんと長いことやってるなと思いつつ、俺もそのなかでの29年間を選手として過ごしてきた。

かなり長い時間だ。その間、本当にいろいろなことがあったよ。嬉しいこと悲しいこと、楽しかったことつまらなかったこと。でも、いつだって俺は同じ思いでいた。

「強くなりたい」

その思いだけで、突っ走ってきた。そして、競輪人気がもっと高まるように一役買いたいし、ファンに元気や感動を与えたいと本気で思ってきた。だから、やることはひとつだ。また今日も明日も明後日も、徹底的にトレーニングをして、準備をして、最高のレースを見せるつもりだ。

最後にひとこといわせてもらうぜ！

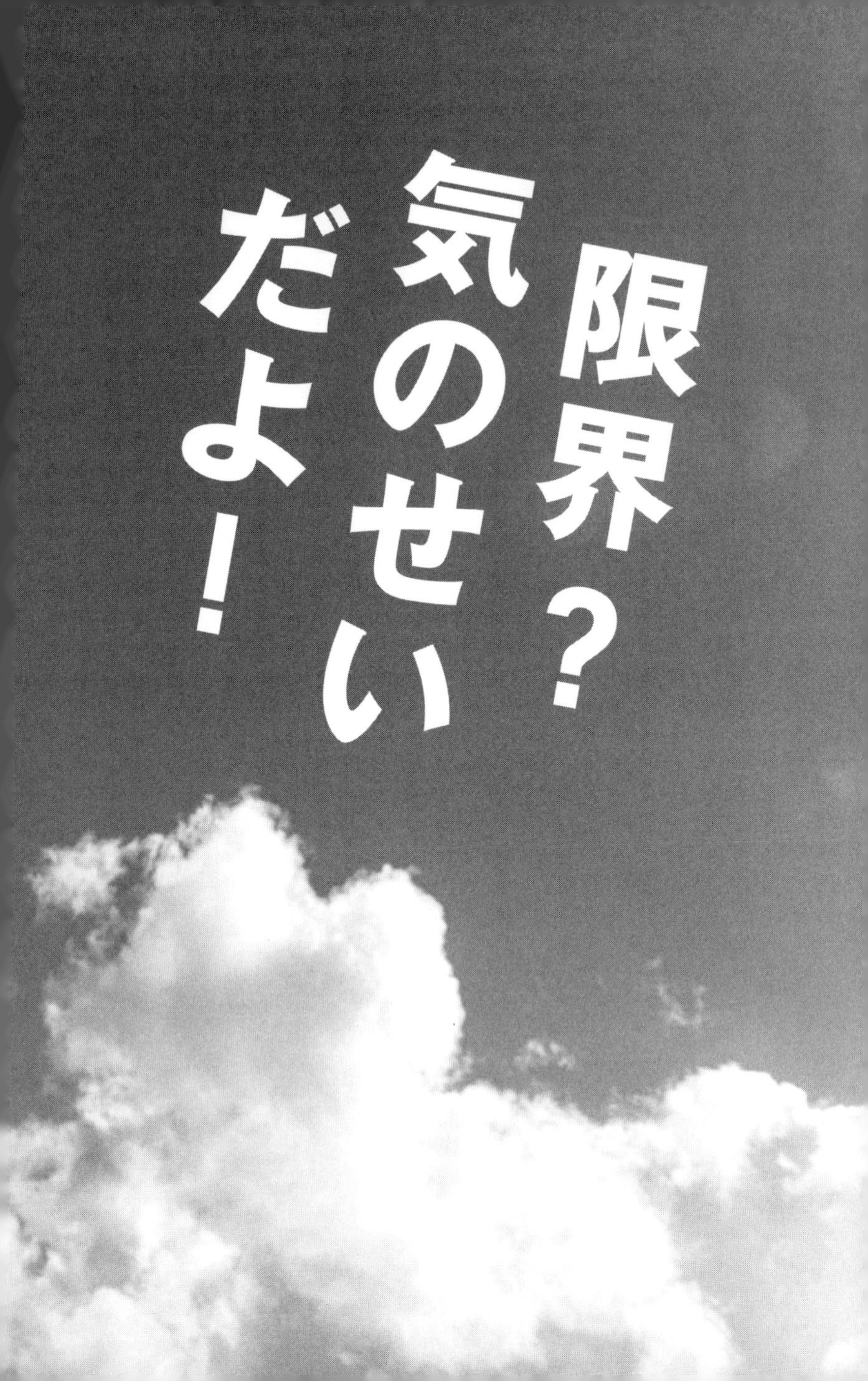
限界？
気のせい
だよ！

Anniversary
cramerPRO

おわりに　限界の先にある風景

最後まで、俺の自分語りにつきあってくれて本当にありがとう。「競輪ってやっぱり面白いな」「俺も少し競輪をかじってみようかな」と感じてくれた人がひとりでもいたなら、この本を書いた意味があるってもんだよな。

ところで、競輪選手というのは、「レースだ」「合宿だ」と、月に何日も家を空けることになる。レースに行けば通信機器を選手管理課に預けてしまうから、家族と連絡すら取れない日が何日も続く。そういった意味でも、一般家庭と違い、家族にかける負担は大きいし、家族を犠牲にしたうえに成り立っている職業でもあるといえるだろう。

一般的には、家族といるときに一番の幸せを感じる人が多いと思う。もちろん俺にだってその感情はあるのだが、その前提として、日々、妥協せずに満足のいくトレーニングができたかがもっとも重要なので、それができなかったときには、その幸せを感じることすらできなくなってしまう。

俺は27歳のときに結婚したのだけど、そのとき妻にこういったよ。

「一番大事なのはおまえじゃないけど、それでもいいか？　一番は競輪で、その次が一緒に練習する仲間たち。おまえはその次か、練習仲間と同じくらいなんだけど、それでも大丈夫か？」

普通じゃあり得ないプロポーズだよな。

でも妻は、俺の顔を見て、「うん、それでいいよ」っていってくれた。

妻は競輪に対してまったくの無知だったのだけど、結婚するまでに何年かつきあっていくなかで、俺の生活をよく見ていた。だから、俺が競輪に対して命懸けで真剣にやっているのが伝わっていたのだと解釈している。

いまだに俺のレースを妻は見ていないみたいだし、レースの結果は義父からのメールで知るらしい。ちょうど日中のレースの最終レースが行われる午後4時くらいの時間帯は、子どもの送り迎えの時間と被るから、物理的にも見ることができないのかもしれない。でも、送り迎えのない、年末のＫＥＩＲＩＮグランプリくらいは、ライブで見てくれているのかもしれないな。

そんな妻だが、俺が家にいるときは最大限に気遣ってくれる。食べ切れないほどの食事を用意してくれるし、レース前でなんとなく俺の気が立っていることを感じれば、余計なことをいわずに、穏やかにいてくれていることもよく分かっている。妻の支えなしでは、29年間も真っ直ぐ競輪に向き合うことができなかった。

本当に本当に、感謝しているよ。

感謝すべき対象は他にもある。競輪は、人（選手）と人（選手）とが交わり、それらの思惑が大きく関係する競技だ。だから、個人競技なのに、ひとりではキャリアを前に進めていくことができないという側面がある。これはお互い様ではあるけれど、先輩、同期、後輩を含めた選手のみんなにも感謝している。あらためていうまでもなく、師匠やおかみさん、叱咤激励してくれるファンのみんなにも、心から感謝している。

そしていまの俺の状況を少しだけ伝えておくと、5年連続で出場してきたKEIRINグランプリに2024年の年末は出場することができなかった。それはつまり、S級S班から降格したことを意味する。もちろん悔しさはある。でも、S班じゃなくたって、競輪選手であることには変わりないし、これからもやることは変わらない。一戦一戦やるだけだ。年齢を言い訳にせず、ますます存在感を高め、生き様を見せたいと思っている。

「限界？　気のせいだよ！」

本書のタイトルでもあるが、俺はここ数年、この言葉をキャッチフレーズにしてきた。いまの時代は、根性論が古くさいものだといわれ排除されるような世の中だ。だから、大人たちはそれを口にすることもはばかられてしまう。でも、俺はそんな風潮に流されるつもりはないよ。だって、気合と根性でここまでやってきたのだし、実際に結果を出してきたのだから、胸を張ってこれからもずっといわせてもらうぜ。

これは競輪に限らず、「限界」というのは、命を懸けてものごとに取り組んだ者にしか見えないものだ。だから、いくら笑われても俺は言い続けるつもりだよ。

人にはそれぞれの道がある。もちろん、どんな道だっていい。そこにいるのも、それを選んだのも自分なのだから、ひとまずは風を受けながら限界の地まで行ってみようじゃないか。そして、その風景を見てみなよ。

２０２５年２月

佐藤慎太郎

佐藤慎太郎（さとう　しんたろう）
1976年11月7日、福島県に生まれる。学校法人石川高等学校を卒業後、日本競輪学校（現・日本競輪選手養成所）の78期に合格。1996年にプロデビューしてからは、タテ脚鋭い追い込み選手として頭角を現し、2003年の読売新聞社杯全日本選抜競輪でGⅠタイトルを獲得。一流選手の仲間入りを果たす。2019年には悲願のKEIRINグランプリを制覇。43歳1カ月での優勝は、歴代2位の高齢優勝記録となった。48歳となった現在も競輪界のトップレーサーとして活躍中。生涯獲得賞金は17億円を超える。

限界《げんかい》？　気《き》のせいだよ！

2025年2月27日　初版発行
2025年3月30日　再版発行

著者／佐《さ》藤《とう》慎《しん》太《た》郎《ろう》

発行者／山下直久

発行／株式会社KADOKAWA
〒102-8177　東京都千代田区富士見2-13-3
電話　0570-002-301（ナビダイヤル）

印刷・製本／大日本印刷株式会社

ISBN 978-4-04-115123-5　C0095